和尚《ラジニーシ》の超宗教的世界

トランスパーソナル心理学との相対関係

O S H O

玉川信明

Tamagawa Nobuaki

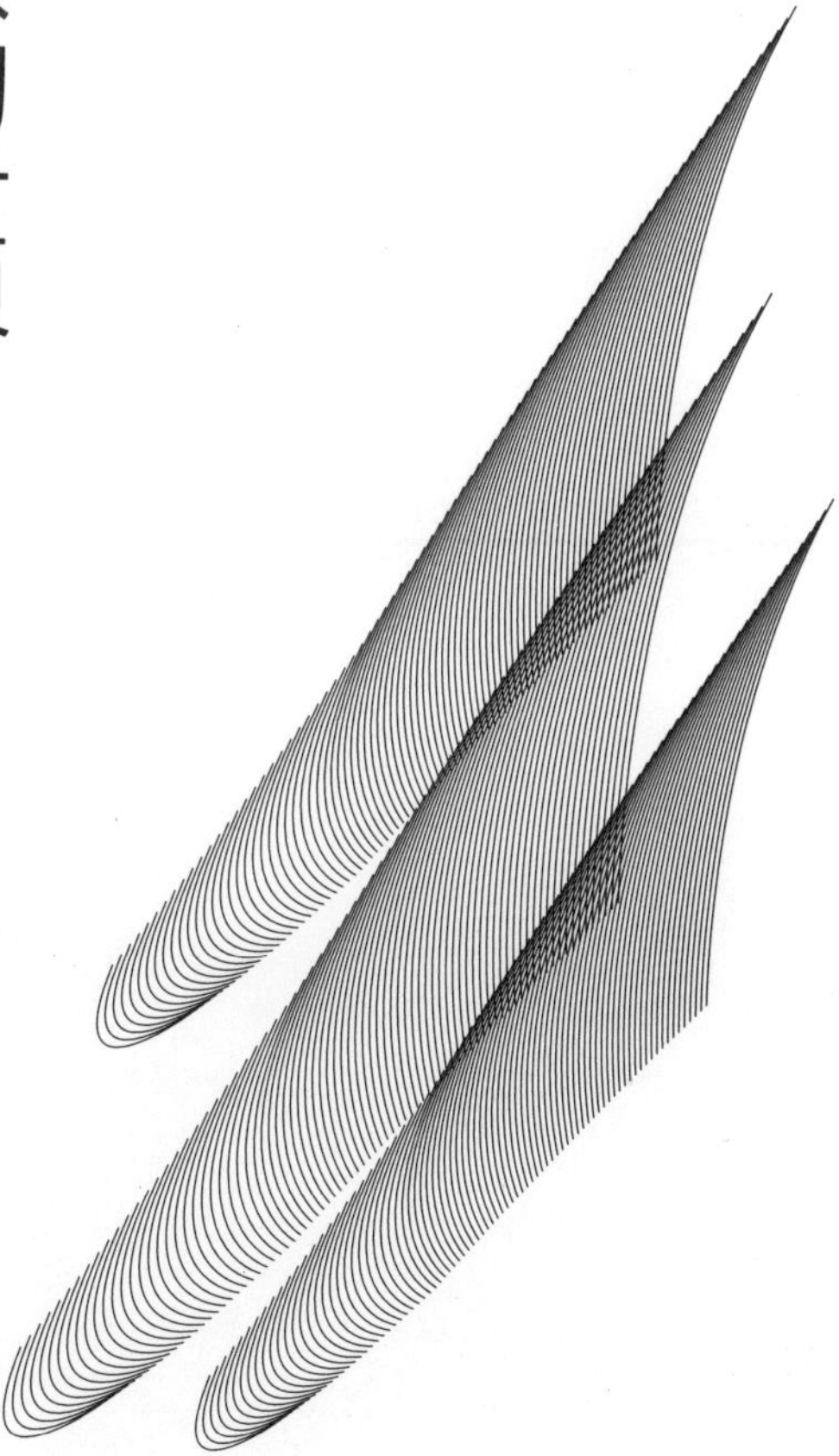

社会評論社

ゾルバ・ザ・ブッダ和尚の略伝

人間の長い歴史の中では、時にとてつもない偉大で神秘的な人物が登場することがある。老子、ゴータマ・ブッダ、達磨、――最近ではゲオルギー・グルジェフ（ロシア出身の神秘家）、ラマナ・マハリシ（インドの神秘家）、J・クリシュナムルティ（インド人神秘的哲人）等々である。しかし、彼らはたいてい同時代人の人々からは常軌を逸した狂人のように遇されてきた。そして彼らがこの世を去ると、初めて天才だったの、偉大な神秘家だったのと、今度は反動的に持ち上げられるのが常である。

群衆というものは所詮、「ナポレオンの女中」なのだ。彼女はナポレオンの歯磨きしたり、草むしりしたりしている場面しか見ておらず、歴史的にいかに偉大な人物かは知らない。そんなこの世の一般的空気の中で一九九〇年までは、この惑星に存在していた偉大な人物の一人としてインドの和尚がいたのだ。

○

和尚は、一九三一年一二月一一日、母親の実家があるインドのマディア・プラデッシュ州クチワーダの小さな農村で生まれた。幼名はラジニーシ・チャンドラ・モハン。これは「闇を照らす満月の王者」を意味するが、実際彼は幼児から天性ユニークな子であり、大人顔負けの利発な子供であった。

彼は七歳になるまで、大半の時を母方の祖父母の家で過ごした。以後両親のもとに帰ったが、幼年時代から霊的精神的探究が始まっていた。

学校が始まると、ラジニーシはたちまち絵、詩、写真、記事、弁舌に並外れた才能を発揮していくが、退屈で無意味な学校にほとんど通うことがなかった。

一九五一年ジャバルプールのヒトゥカリニ大学に入学。その後D・N・ジャイナ大学に移籍。大学では、少年時代以来の反逆児として、既成の社会、制度、学問、モラルにことごとく痛烈な反駁心を抱く。一方霊的な探究はますます激しさを増していった。そのあげく一九五二年、樹上で瞑想中、幽体離脱の体験が起こる。この頃よりほぼ一年の間、和尚の生涯の中でもっとも苦難に満ちた心理的危機を過ごしていた。

しかしそのお蔭で、翌年三月二十一日、二十一歳の時、ジャバルプールの庭園にあるモールシュリの樹の下で、過去のすべてを焼き尽くす精神的・霊的爆発が起こり、人間意識の究極の開花である光明（エンライトメント）を得た。

一九五五年、D・N・ジャイナ大学哲学科卒業。ライプール・サンスクリット大学の講師勤務。翌年、ジャバルプール大学マハコーシャル芸術カレッジの哲学教授となる。

およそ二年を経た六〇年頃から、インド全国を巡る、激しい旅の時代が始まる。その二年後、大学教授の地位を捨て、人々の意識覚醒へとその全エネルギーを注ぎ始める。以後しばらくの間はアチャリヤ（教師）・ラジニーシとして知られるようになる。

ガンディーを激しく批判し、また「セックスと超意識」に関する大胆な講話を行うことでインド全土に激しい嵐の渦を巻き起こしていく。七〇年に旅の終わりの時代を告げ、公衆から身を引いて、少数の人々を対象にした霊的・秘教的な講話を定期的に始める。アチャリヤはバグワン（祝福されし者）と呼ばれ始める。この頃から西洋から最初の探究者たちが到着。バグワンの名声はヨーロッパ、アメリカ、オーストラリアに広がり始める。

〇

一九七四年、ボンベイのプーナに「シュリ・ラジニーシ・アシュラム」（修道場）を建設。朝夕の定期的な瞑想、講話、ダルシャンと呼ぶ和尚との個人的面接を行う。特筆すべきは、心理的重荷を多く背負った現代人が、瞑想の中心へと移ってゆくのを助けるために、西洋で開発されたボディワーク、心理療法、グループセラピーが導入された。

アシュラムのグループには、エンカウンター、原初療法、ライヒ派セラピー、ゲシュタルト、バイオエナジー、ロルフィング、マッサージなど、ホーリスティック（全総合的）心理学の流れがほとんど含まれていた。また和尚の講話は、ブッダ、イエス、老子、荘子、一休、白隠、ソクラテス、ピタゴラス、カビール、チベット仏教、スーフィズム、ハシディズムなど世界神秘家等を広大な知識で語り、急速に世界中の若者を魅了していった。

一九八一年、背中の痛みに治療と療養のためアメリカに移る。しかし和尚のサニヤシン（弟子）たちは、オレゴン州に荒地として放置されていた六万四千エーカーの牧場を購入し、和尚を招いた。この牧場は「コミューン」と名付けられ、灌漑工事が行われ、多くの木々や花が植えられ、農場、オフィス、郵便局、ダム、空港などが建設されていった。

こうしてコミューンは急速に緑なすオアシス「ラジニーシプーラム市」へと変貌した。だがこの新しい市は次第にオレゴン州政府とキリスト教原理主義者たちから攻撃を受けるようになった。一九八五年、ここで和尚は、一万人を収容する大ホールで公開講話を行った。この時代から世界中の報道機関が集まって取材をしだした。

しかしここで和尚の個人秘書とコミューン管理者の非合法行為が明るみに出た。アメリカ当局者はこの機会をコミューンと和尚を崩壊させる絶好の機会ととらえた。同年和尚は逮捕状なしで逮捕され、監禁と鎖につながれた一二日間の受難の旅を始めた。法廷のオレゴンへの帰路は通常五時間の飛行時間ですむ距離を八日かけ、この間にオクラハマの刑務所で、後に和尚を死に至らしめる放射性毒物が浴びせられた。

和尚の弁護士たちは、これ以上の危険が及ぶのを避けるために、告発された三四の罪状のうち、比較的軽い「出入国管理法違反」の罪状を認めさせ、和尚はアメリカを立ち去った。

○

一九八六年の前半、私用ジェット機によるワールドツアーは、七カ月に及び、いわれない罪状を背負った真実の人が世界漂泊の旅を続けた。時には無防備の和尚一行に銃口を突きつけて入国を拒絶した。最終的に二十一の国々によって、国外追放されるか、入国を拒否された。アイルランドでは燃料補給の必要にもかかわらず待機拒絶された。

しかしこの間和尚は一向にうろたえることもなく、時間をみては、少数のサニヤシンに講話を続けた。そして一九八六年七月、ようやくワールドツアーは終わり、インドのボンベイに到着した。翌年

「ラジニーシダム」と改称したプーナのアシュラムに戻り、再び講話を始めた。しかしここでもインド政府は引き続き干渉して、和尚を孤立させようとしたが、プーナを訪れるサニヤシンの数は日毎に増えていった。

その後講話と瞑想は順調に進んだが、八八年一二月、和尚はインドの伝統的諸宗教に挑戦するための方便として使ってきた、「バグワン」という呼称を捨てた。そして最終的にはサニヤシンたちが「新しい尊称」として「和尚」という言葉を選んだ。

八九年五月、アシュラムの新構成と拡大の発表を行う。宗教的な波動が漲《みなぎ》り、美的感覚に満ち、水泳プールやテニスコート、武道館、あらゆる総合芸術の場となし、世界最大のスピリチュアル・ヘルス・クラブへ拡大するというものだ。そしてこの「愛されし者の園」はありふれたアシュラムやコミューンではなく、友人たちの出会いの場とされた。

そして翌九〇年一月一九日、現地時間午後五時、和尚は肉体を離れた。和尚の身体は一時間以内にブッダホールに運ばれ、壇上に一〇分間置かれた後、歌ったり踊ったりの精一杯の祝福としての、長い行列を従えて、火葬場へ運ばれた。その新しい旅立ちを祝うサニヤシンたちに送られながら和尚は荼毘《だび》に付された。

まえがき

あとがきを書き終えてのまえがきであるが、言いたいことのただ一点は、この書は私個人の人生上の問題はあれ、これだけガッツのある天才的宗教家を世に紹介したいという思いばかりのものである。あとがきにも触れたように、これだけの神秘的で偉大な人物を日本の知識人たちはまったくと言っていいほど、無視し、マスコミ上にも取り上げられないというのは、知識人の怠慢というより悲劇である。

思い起こせば、私は私の人生の転機をつくってくれた『評伝辻潤』執筆の際にも、その動機は日本知識人への義憤であった。その意味では今回も同じ印象を持ち、心の底では、義憤というより抗議のような思いでこの和尚概論を書いた。しかも当初の予定では最低一年はかかると見ていたものが、僅か三カ月で脱稿することができた。

ところで私は和尚を描くについて、ただ和尚の知性紹介だけでは芸がないと思った。それで和尚の一見奇異と思われる文章を検証（保証？）するためにも、和尚関係者の文献をもって権威づけようと図った。それでこの書は各章五項目の内、三項目は和尚のエッセンス紹介にあて、残り二項目は他者の文章を借りている。

しかしこの他者の文献による検証も、大半は、トランスパーソナル（自己超越）心理学を援用している。従ってこのトランスパーソナル心理学（以後略して「TP心理学」とする）なるものであるが、もし読者にこの心理学の知識もないとあらば、藪蛇になってしまう。それで簡単にこの心理学の解説を

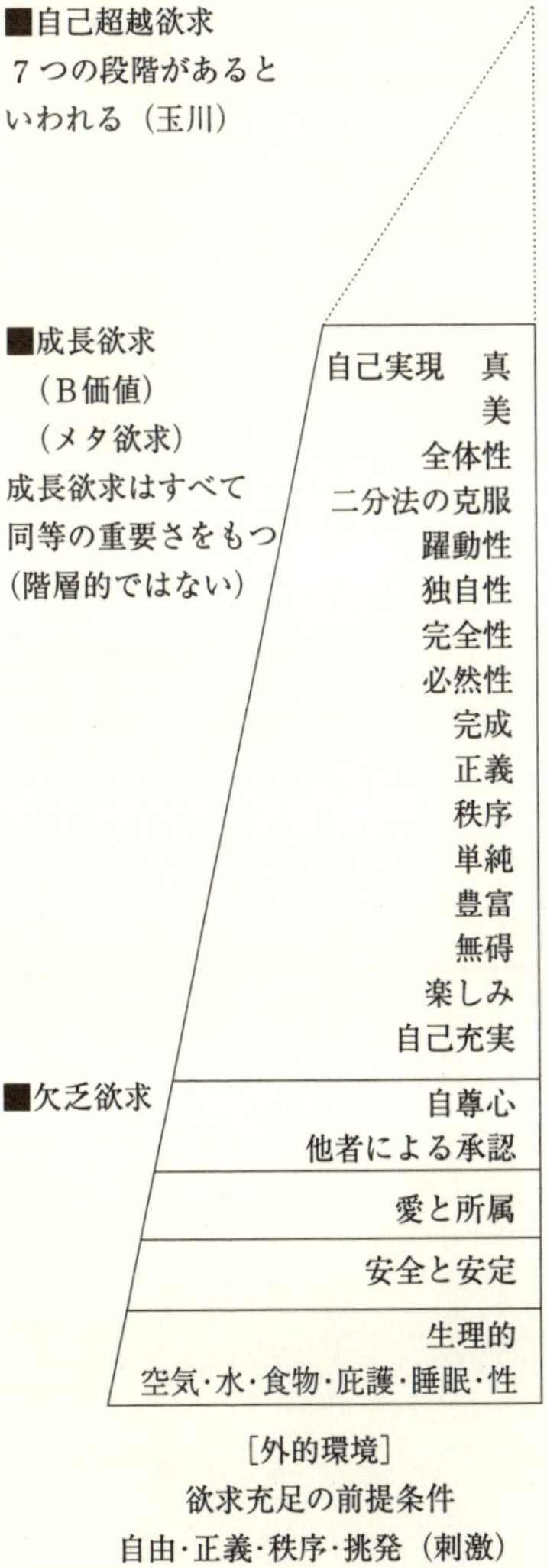

図1　マズローの欲求の階層

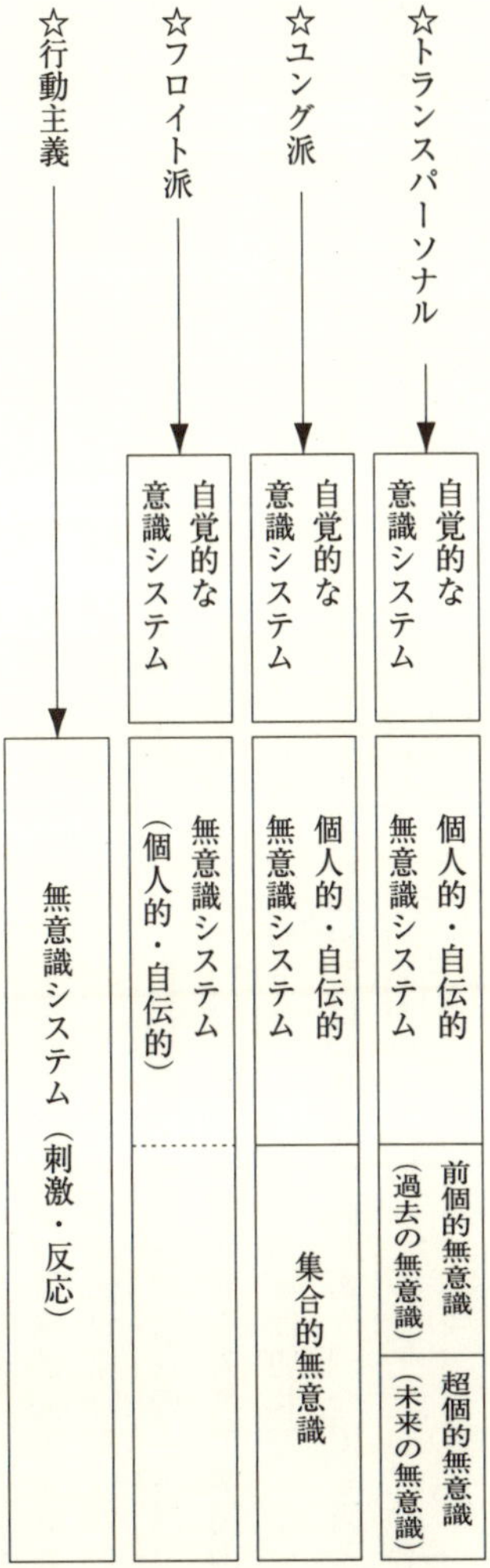

図2　各心理学における意識構造の比較

出典：岡野守也『トランスパーソナル心理学』（青土社）27頁，75頁

しておくと、この心理学は、当時のこの国の反体制運動の背景もあるが、主流であった人間主義心理学のA・マズロー（図1参照）抜きでは語れない。

彼は通常人のより高い願望を心理学的に解剖して、人気を得ていた。それが次第に高じていって、遂には彼は地位、物質をも超える「最高価値」なる言葉を生み出した。そこへ登場したのが、臨床心理学者で、LSDを用いての人間内面の探究を行っていたスタニスラフ・グラフという人物だ。この両者の会見が行われて、同志が糾合し、誕生したのが、常識を超えてさらに意識上昇せんとする、自己超越の心理学（図2参照）である。

それでは最高価値とは何かとなるが、それは東洋の神々、神秘的世界であるとなった。そこに和尚との確実な接点が出てくる。というのは、和尚は幼年時からの人間変革の人である。それが生物学、心理学、素粒子論等の西欧教養も身に付けて、自分のメソッドをより合理的に検討し直し、現代に合うものとしたい欲求があった。一方TP心理学の方は、自分らの合理的、臨床的心理学を超越するものとして、東洋宗教の世界が不可欠のものとなった。このように両者が両様の思いで、つまり目指すところは同じではないかという雰囲気が生まれてきた。自己超越と科学との一致の心理学である。

その頃、和尚はアメリカからのTP心理学の伝達者についても、非常に熱を入れて学問内容に耳を傾けていたそうである。しかし結果として和尚側の瞑想トラブルで両者の縁は切れてしまったのだそうであるが、要は人間超越の新心理学創造の傾倒においては、共通の面があり、今でも両者の比較検討は成り立つものと思っている。そのためにわざわざ和尚の発言の検証に多くTP心理学者を援用している次第だ。

和尚《ラジニーシ》の超宗教的世界＊目次

第二部　瞑想による自己超越の世界を説く

第三部　この地上においていかに生きるか？

第一部

和尚を理解するための総括的観点

第一章　人はノーマインドにおいて神に至る

マインドとは何か？

和尚はどんな伝統にも属していない。自らの宗教を結論付けて、「私はまったく新しい宗教意識の始まりだ」と言い、「どうか私を過去と関連づけないでもらいたい。——それは思い出す価値さえない」と表明している。

なるほど和尚の著作とそのコミューンを見る限りにおいては、真にもの珍しく、創造的でユニークなものだらけである。

まず和尚の宗教には一般宗教にある特定の聖典が見られない。彼はこの世のあらゆる聖典に出会い、究極の内なる統一存在としての神性を説いている。しかもその独特の瞑想技法においては天才的なものがあり、講話では実にユニークで巧みな理論を駆使し、今日の全体を科学的な人間変容のまたとない機会としてとらえている。宗教サンガに女性を堂々と入れているのも珍しい。生を深刻なものととらえず、毎日が祝祭であるとも言う。とりわけ世の批判の対象となるのは、セックス・フリーであるが、逆に性超越の機会として実行提言している。社会制度としては現行の結婚制度を否定し、家族制度も国家の土台レンガとみなして拒否、無政府への次善策としての実力政治構想にも度肝を抜かれる。

　このように和尚の提言実行は、確かに既成宗教、新宗教に比して、その在りようはことごとく革命的に新しい。それゆえにこの書のタイトルにもあるように既成の伝統宗教に比しては、「超宗教の世界」と認めざるを得ないのだ。

　しかしその邦訳著書七十冊あまりを読み通して、肝心のその根源的な原理の面では旧来のパターンと同じであることは確信できた。それは何かと言えば、全宗教、ことに仏教に見られる普遍的な我（自我）対無我（空）の構造においてである。宗教ことに仏教においては、人間の世界にあっては、自我の執着が一切の苦しみの元であって、この自我を落とすこと、即ち無我の心境において初めて至福に至ると称揚されている。

　しかしここにおいても和尚の場合には、旧来の自我だけを対象としているのではなく、その微妙な差が見られる。というのは、和尚の先輩格として非常に敬意を抱いている、ロシアの神秘家グルジェフがセルフ（人格）対エッセンス（本質）としているところを、彼はマインド対ハートとしていることである。ところがこのマインドと言われるもののニュアンスが分かりにくい。単に自我とも呼べない、複雑な内容を持っている。

　なぜならマインドを英和辞書で引けば、心、精神、思考とあり、これだけの範疇を含む意味合いに一字で対応する日本語の語彙がない。しかも本人が「同じ一行に二度使われていても違った内容を含んでいる」場合もあるというから、余計に分かりにくくなる。その点では、邦訳者も困って一翻訳者は、正直に和尚に「日本語にあなたの使われる意味にあたるマインドという言葉はありません」と打ち明けている。それに対して和尚は「thought（思考）という言葉ならあるだろう」と答えたと言う。

しかし翻訳者はそれでも納得できない。結局のところ大半の邦訳においては、心にマインドというルビを振って使っているのが、実情である。しかしこれはあくまで便宜的なもので訳者は、それぞれ心《マインド》とこころ、ヘッド、精神、指向、思惟、心理、意識、気持ちなどと複雑に使い分け訳しているのが、現状のようである。

いわばそれだけ自我なる言葉（内容）の広さを実感させられるのであるが、和尚は自我のあらゆる形の変貌性全体を現したいと考えているのである。それでやはり同時代人のインドの先輩神秘家で、西欧でも評価の高いJ・クリシュナムルティの『自我の終焉』によってみると、次のように定義されていることでほぼ満足しえよう。

「私は自我を次のような意味で使います。観念、記憶、結論、経験。はっきり名付けられるものや名付けられないものを含めて、あらゆる形の意図。何かになろうとしたり、あるいは、ならないようにしようとする意識的な努力。無意識のうちに蓄積された記憶、民族、集団、個人、一族の別を問わず過去に蓄積された記憶。それが行為として外部に投影されたものか、徳として精神的に投影されたものかを問わず、そのすべて。そしてこれからすべてのものを求める努力そのものが自我なのです」

マインドは変貌を重ねる

因みにこのわれわれの中に住まうこのマインドの三大性格なるものを上げると、第一に「もっと、もっと」の拡欲意識、第二にその狡猾なる変貌意識、第三にどこにでも潜り込む、かくれんぼの名人、といったことになるであろうか？

まず自我は留まるということを知らない。それは繰り返しを求めないで、さらなる要求を出してくる。いくら自我を満たしても、満足させても、それは絶対に満たされないし、満足しない。自我は飽くことを知らない。ある特定の地位を得ても、すかさずそれはもっと良い地位を得るよう煽りだす。そしてある地位を得るが早いか、さらなる地位を得ようと乗り出す。もしあなたがある男に「大臣になりましたね」と言えば、すぐにその人は、まさにその晩に、総理大臣になる夢を抱き始める。

感覚器官と自我の違いを理解するといい。感覚器官は満足させられれば、それはすぐに満たされ、再び空っぽになるだろうが、その時は容易に満たすことができる。ところが自我は決して満たされない。決して満足しない。満たすほどさらに大きくなってゆく。火を消そうとして脂肪を火に投げつければ、火は一層大きくなる。同じく自我を満足させようとして投げつけたものはすべて、自我を大きくすることに手を貸す。ゆえに自我の手に握られた瞬間から、人は、不安、心配、緊張、悩み等に絡みつかれる。

また心《マインド》はあたかもギャンブラーのようなものだ。負ければこう考える。「もう一度やらせてくれ、今度は勝つだろう」勝てばこう考える。「よし、運が向いてきたぞ。勝ち運を逃してはならない。もう一度やらせてくれ」。勝てばさらに希望を膨らませてギャンブルを続ける。負ければ、破滅の予感におののきながらも、こう言う。「もう一度やるんだ。勝つかも知れない。もう一度」。従って無意識であったり、無自覚であったりしてはだめだ。心《マインド》はその働きに気づかず鈍感でいられるならば、心《マインド》は昨日と同じことを繰り返す。

因みに「混乱した心《マインド》とは何ですか」という質問がある。だがこれは誤った質問だ。われわれは一般的に「乱れた心」「混乱した心」というが、何が一体間違いなのか？　それは二つの言葉を使っていることである。混乱と心。「混乱した心《マインド》」などというものは存在しない。これがことの真相で、むしろ混乱の状態そのものが心《マインド》なのだ。心《マインド》とは混乱の別名なのだ。それゆえ混乱がない時というのは、心《マインド》が安らいでいることを意味するのではない。その時はもはや、心《マインド》はあとかたもないのだ。

同じように「穏やかな心」などというものもない。この表現上の誤りは、われわれがつくりだした言語に由来する。われわれは「不健康な肉体」「健康な肉体」と言う。これは一向にかまわない。不健康な肉体が消えてなくなれば、健康な肉体が残る。ただしこれは心《マインド》の場合にはあてはまらない。「健康な心《マインド》」とか「不健康な心《マインド》」などというものはない。心《マインド》はそれ自身が不健康なのだ。その存在そのものが混乱なのだ。

従ってどうすれば心《マインド》を混乱させないでいられるか、などと聞かないこと。どうすればこの心《マインド》を追い払えるか、と聞くことだ。どうすればこの心《マインド》を手放せるかを聞くことだ。心《マインド》をこれ以上存在させないために何ができるかと聞くことだ。

自我は善良な部分や道徳的な部分と同一化したい。「私は殺人に反対している。見よ！　私はそれに賛成していない」。これで自我は気分を好くする。それはあなたはただ心《マインド》のもう一方の部分に捕まっているだけだ。あなたは依然として奴隷だ。いわゆる罪人も聖者も同じ奴隷だ。真に自由な人は、善と悪から自由だ。彼らは善悪を超えている。

自由が生の目的地だ。自由がなかったら、生には一切の意味がない。だがこの「自由」はいかなる政治的、社会的、経済的な自由を意味するものでもない。この「自由」は、時間からの自由、心からの自由、欲望からの自由を指している。ゴータマ・ブッダは言う。欲望こそすべての惨めさの根本原因だ。なぜなら欲望は心《マインド》を生じさせるからだ。欲望とは未来を創りだすこと、自分を未来に投影し、明日を持ち込むことだ。

頭脳は欲望にほかならない。ハート（真心）は何一つ欲望を知らない。これを聞いたら驚くかもしれないが、すべての欲望は頭に属している。胸は現在に生きている。それは常に今、ここにある。過去のことなど何も知らず、未来のことも何も知らない。それは常に今、ここにある。頭脳にとって唯一実在しないのが現在だ。

本来心《マインド》というものはない

だが、一体どうやってこの「私《マインド》」を落とせばいいのか？　いくら落とそうと努力しても「私」は決して落ちはしない。私が「私」自身をどうやって落とせるというのか。それは不可能だ。靴紐をつかんで己を持ち上げようとするようなもんだ。すべてを落としたあとでも「私」はまだ残っている。せいぜい「私は自我を落とした」と言うくらいが関の山だ。しかもそういうことが、依然として「私」を持ち運んでいることを露呈しているにほかならない。人は自我を落とすことに関してすら自己中心的になる。

ではどうすればいいのか？　その意識と行法については、古来数千年間さまざまに積み上げられてきた。古い仏教経典は七つの寺院を語っている。ちょうどイスラム神秘主義スーフィ教が七つの谷のことを語り、ヒンドゥー教が七つのチャクラ（人間の脊柱に沿った異次元への接点）について語るように。第一は肉体の寺院（相応するチャクラはムラダーラ）、第二は精神身体の寺院（スワディスターナ）、第三は心理の寺院（マニピュラ）、第四は精神霊性寺院（アナハタ）、第五は霊性寺院（ヴィシュダ）、第六は霊性超越寺院（アジュナ）、第七は超越の寺院（サハスラーラ）だ。

これを現代に対応させれば、第一は心理学者のパヴロフ、スキナーその他の行動主義者たち。マルクス者義者、無神論者。第二はフロイト流の精神分析。第三はアドラーの心理学。第四はユング、アサジョーリらがその領域を洞察する。第五はイスラム教、ヒンドゥー教、キリスト教で、これら大組織宗教は五番目に引っかかったままだ。第六はヨーガその他。第七はタントラ、道（タオ）、禅で、これら七つの梯子を一段づつクリアして、無我に至るとされる。これをさらに簡略化すれば、次の三種となる。

心の第一は中身プラス意識、怒りがあり、欲があり、野望がある。第二の状態は中身なしの意識。瞑想の何たるかだ。第三が「サマーデイ（三昧）」で中身なし、意識なし。意識なしとは、無ではなく超意識状態だ。これら三者において、第一に中身を落とせば「半空」になり、次に意識を落とせば「全空」となる。そしてこの「全空」こそ、起こり得るもっともビューティフルで、最大の天恵である。

これに対して和尚はさらに無我を明瞭な一語につづめてしまう。「私には本来『私』なるものは存在しない」と。何も難しいことはないのだ。和尚は何かを落とせといっているのではないのだから。それどころか、何かをしろと言っているのですらない。「私」は、自我は、あらゆる行為によってより強固になってゆくものだ。和尚はただ内側に入ってゆきなさい、そして「私」を探して見なさいといっているに過ぎない。もし「私」を見つけたなら、それを落とすすべはない。「私」が常にそこに存在するのなら、ほかに落とす何があるというのか？　逆にもし「私」を見つけられなかったとしても、やはり落とすすべはない。存在しないものはどうやって落とすことになる？

そう、内側に入ってゆき、そこに「私」がいるかどうかを見るのだ。すると「私」が内側で存在することをやめてしまう。そこで初めて「私」が幻想だったことに気づく。心《マインド》とは単に過去の記憶であり、未来への投影に過ぎない。心は一個の虚構《フィクション》にすぎないのだ。従って和尚は言う。「己の内側を見た者は高らかに笑いだす。なぜなら自己のどこにも『私』は見いだせないからだ」ではそのあとのスペースに一体何が残るのか？　その時に残っているのが神だ。「私」の消滅のあとに残っているのが神だと言う。

ここにこの家の壁がある。幻想の下にあっては、壁は空間を二つに分割している。しかしどんなに厚い壁を立てたところで、家の中の空間と外の空間は二つの異なったものではない。それは一つだ。しかし家の中に住んでいる人間は、自分が空間を二つに仕切っているように感じる。一旦その壁が崩れ落ちてしまえば、どうやって家の中の空間と外の空間を区別するのか。その時には、ただ空間が残っているばかりだ。

同様に「私」という壁を立てることによって、われわれは意識を切れ切れに分割してきた。この

「私」という壁が崩れるとき、そのとき私は「あなた」の中に神を見始めるのではない。そうではない。その時、私は「あなた」を見なくなる。私は神だけを見ている。この微妙な違いをよく理解する必要がある。――もはやあなたを見なくなるのだ。聖なるものだけを見るようになる。木を見ても、聖なる神だけを見ることになるのだ。

創造と愛の自己超越

この人間の自我なるものについては、先輩神秘家のJ・クリシュナムルティも『自我の終焉』において、狡猾で、打算的で、邪悪なものと見ている。

自我の中には競争心や、何かになろうとする欲望が含まれている。この精神の働きの全体が自我だ。そして私たちが実際にこの自我に直面する時、それが邪悪なものであることに気づく。邪悪というのは、自我は自他を分離するものだからだ。つまり自我は自己を閉鎖し、隔離するものだ。しかしある瞬間には、努力とか骨折りという感覚は存在しない。このような瞬間は「愛」がある時のみ訪れるのだ。

そこでまず最初に、経験がどのようにして自我を強めているかを理解する必要がある。私たちは絶えず経験に基づく様々な印象を持つ。この印象を解釈し、それに従って反応、行動する。このように私の見るもの、感じるもの、知っているものに対する反応の過程で経験が生まれる。目に映ったものに対する反応が経験なのだ。それからその経験を通して様々な欲望が投影される。その一定の形を持った欲望、自分の欲望を私は先に投影し、それに対して反応する。そうすると欲望というものが、実はあなたの経験と呼んでいるものとなる。例え静寂を望む時にも、この欲求が経験を呼び起こすことになる。

このように経験は常に「私」を強大にするのだ。あなたが経験の中に根を降ろせば降ろすほど、一層自我は強化されるのだ。このようにあなたの中で自我が活動している限り、あなたの信念、師匠、階級、経済といったものが、みな分離作用を起こすことになり、競争が生み出される。従ってこの自我という核を完全に消滅させねばならない。

ところでこの自我を消滅させるものとは一体何か？　今までに様々な宗教や組織が、いわゆる同一化というものを提唱してきた。つまり「あなた自身をあなたより大きいものの中に入れなさい。そうすれば自我はなくなる」と彼らは主張する。しかしこの同一化も依然として自我の働きなのだ。より大きなものは「私」の投影だ。私はその投影されたものを経験し、その経験が「私」を強化することになるだけなのだ。

こうしてあらゆる形式の訓練や信念、知識というものは、確実に「私」を強めるだけなのだ。そこで「私」は単に部分的ではなく、全体として聡明でありたいと願う。全体として聡明であることは、自我がないということだからだ。

そしてそう願った時私は自我の消滅は可能だと知っている。しかしながら「私はこれを消滅させたい」と言った時、そこにはいまだに自我の経験が残っている。そうではなく、私たちは創造の状態がまったく自我の経験ではないということを理解できる。なぜなら創造は頭脳や精神に関係するものではなく、あらゆる経験を超えた何かであるからだ。それでは精神に関係ない創造が可能になる状態があるのか。となると、それは完全な静寂がある時にのみ可能になるのだ。しかもこの静寂は、自我の強化と関係ない。

それでは静寂はいかにして得られるか。それはあなたが精神の動きをじっと見つめ、完全に知り尽くしてしまった時に、あなたは非常に静かになることでしょう。

精神のすべての活動は単に自我を強化する雛形にほかならないことを認識して、それを注意深く見守り、理解した時、また活動している精神を完全に知り、あなたがほんとうに核心に迫った時、その時あなたは、精神が完全に制止して、もう創作する力がないことに気づくだろう。精神が創作するものはすべて一つの円の中にあり、自我の領域の内部にある。だから精神が創作を止めた時初めて、認識作用ではない真の創造が生まれる。

真理が到来するには、信念、知識、徳の追求などすべてが消失しなければならない。道徳の人と真実の人、理解する人とはまったく別人だ。道徳の人は正義の人だ。しかし正義の人は真理とは何かを決して理解できない。なぜなら、その人にとって徳は自我を覆い隠し、同時に自我を強化するからだ。例えば無貪欲をいう時、それは無貪欲の自我を強めているに過ぎない。しかし愛ならば世界を変えることのできる唯一のものだ。

愛は自我に属しない。愛は不動の、ほんとうに静寂な精神の中にだけ誕生するのだ。そして私たちすべての問題を解決できるのは、この愛だけだ。自我は愛を知るということができない。あなたは「私は愛している」と言う。しかし言葉や経験そのものの中に愛はないのであり、その反対にあなたが愛を知った時、その時に自我は消滅するのだ。

TP・セルフと和尚

歴史の中の数多くのTPな体験というものは、事実あったことであり、そこからはたくさんの意味が引き出せる。そのためにこれから心理学としてのTP心理学の期待も大きくならざるを得ない。そこでイタリアの著名な『サイコセンシセス（精神統合）』のTP心理学者アサ・ジョーリの弟子ピエロ・フェルッチ（『人間性の最高表現』）もこれまでの成果によって、その心理学的効果の意味合いを訴えかけている。

私たちがもし通常の世界とは異なるTPな体験に気づいたとしたら、それは高度の知、強さ、愛、美に対して唯一の源泉が私たちの中にあるということを意味する。そして実際TPな世界は広大で、さまざまな実体があり、類別することも困難だ。しかしもっと近づいてみると、それらは何か共通する基本的な面を持っており、私たちが「TP」と呼んでいる多様な現象が実際には一つの同じ源から生じていることに気づく。

これらの共通する面とは驚き、正当性、知、一体感、普遍性、そして社会的なかかわりだ。以下の項ではこれらの外観を見てみよう。

驚き……通常の体験と比較して、TPな世界ははかりしれないほどの大きな衝撃を与える。TPな世界は、個人的な世界のルールをいとも簡単に破ってしまう。TPな体験はそれに触れようとする人を変容させ、その人の生活のあらゆる面に影響を及ぼす。すなわち私たちを畏敬と魅惑で満たす一つの神秘なのだ。

正当性……TP・セルフ（真我）を体験すると、もうそれ以上確認、試し、比較の必要がない。それは教義であるからではなく、どんな説明も不必要な直接的な体験だからだ。ここではすべての人間が持つ根本的弱点、死への恐怖さえ一時的に消える。正当性は、ほかの人の命、自然は、神なる知性の法則に支配されているように見える。

知……TPな知は完全で、直接的で、適切で、驚くようなもので、深いものだ。TPな知は全体的で分割できないものとしてやってくる。TPな知は直接的だ。媒介としての言葉も、推論も、どんな種類の説明も不必要だ。TPな知は深遠なものだ。TPな体験から感じられる豊かさは、今までの知性が体験したことのないものだ。

一体感……私たちの知性は、すぐものごとを二種類に区別する。例えば、美と醜、善と悪、明と暗など。しかし一体的意識は、これとは違う。まず第一に欲望がなくなるので、好き嫌いがなくなる。もし好き嫌いがなければ、選択する必要がない。選択がなければ、分け隔てもない。そして分け隔てのないところでは、すべてのものが一つだ。

普遍性……TPの世界では、人は自分の個人的な体験という狭い枠に閉じ込められることも、自分人生のドラマに抑圧されることもない。普遍性に触れることは開放に繋がる。それは矛盾した、不安定な個人的現実の世界を超越し、TPな確信に入る手助けとなるからだ。普遍性と特殊性は互いに排除するが、しかしTPでは同時に存在可能だ。

社会的な関わり……TPな影響は、起こったことそのものを超えて広がり、ある場合には芸術作品、科学的な発見、社会的運動などという形で生きつづける。このようにTP・セルフの活動は具体的なものとなる。それは時空の中に広がり、人々の考えや感情を変革し、時にはその人の全人生を変えてしまう。

こうしたTP心理学の利点については、和尚自らも世界に宣言したいことであって、和尚は和尚でTP心理学とは別個に、根本的な人間変容を通じて「新人類社会」の実現を図っている。その影響、普及のためにもとりわけ注目されるのは教育問題であって、和尚は多分フェルッチの次のような提案には全面的に賛成するであろう。

「子供や生徒の中にTP・セルフの存在を認めることは、その人の中の価値あるすべてのものに命を与えることを意味します。本当の意味での教育とは、人がTP・セルフへの道を進むのを手助けすることなのです。本書で私たちが学んできたような能力や体験はすべて、認知し、刺激することが可能なものです。

例えばちょっと挙げるだけでも、発明の才能、共感、勇気、集中、美の鑑賞、直感力、細部への注意、分析的な考え方や統合的な考え方、身体を通じて喜びを覚ます能力、目に見えない世界への気づきと意識の広がり、苦痛への建設的な態度などがあります。このように教育は、もはや単に情報を伝えるものではなく、〈普遍的（ユニバーサル）な人間〉を呼び起こすものなのです」

第二章　非二元性とバランスのうちに生きなさい

この世は弁証法的なもの

この世にあっては一つの極（テーゼ）は必ず他の極（アンチ・テーゼ）を生む。リアクション（反動）として。それがさらにまた一つのテーゼ（合）となって、再びアンチ・テーゼを生む。生とはこのように螺旋的で弁証法的な発展をするものであつて、決して直線的なコースの発展の形態を遂げるものではない。

言語は二元対立を創造する。言語は二元対立を通して存在している。それは二元性のないものを表すことができない。もし誰かが「昼」と言えば、すぐに「夜」がつくりだされる。もし誰かが「生」と言えば、すぐに「死」がつくりだされる。誰かがもし「善」と言えば、すぐに「悪」がつくりだされる。もし誰かが「ノー」と言えば、すぐその脇に「イエス」が存在している。言語はその反対を通してのみ存在できる。だからこそ、私たちはいつも生を分割されたものとして見るのだ。神と悪魔だ。

マインドは相反するもので成り立っている。となると、第二の部分は一体どこに行くのだろう？それは第一の部分が力尽きるのを待ちわびつつ、その下に潜んでいる。最終的に、第一の部分は疲れてしまう。この人はどれだけ長いこと、「愛するマスター」と言い続けられるられるだろう? 疲れると第二の部分が起き上がり、彼を刺激して「こいつは根っからの悪魔だ」と言わせる。さあ、これでこれらは二つではなく一つだ。

この世のすべての矛盾する感情は、同じエネルギーのさまざまな形なのだと理解できるまで、私たちは人間の問題を解決できないだろう。私たちが直面するもっとも大きな問題は、愛する時は憎みもするということだ。私たちには、その人なしでは生きられないと思う人を、殺す用意がある。内側の深いところでは、友人は敵でもある。それはよく調べてみれば、異なる感情の根底にあるエネルギーは、同じだということだ。

愛と憎しみの波動は、この闇と光に似ている。それらには独自の割合がある。人間が少し上昇しはじめると、愛したり憎んだりすることは、もはやあなたの自身の選択ではなくなる。それらは同じ事柄の二つの名前であることに気づく。

あなたが一方を選べば、自動的に他方も選ぶことになる。少し高次元にいる人に、愛を請い願えば、「憎しみの用意もできているか?」と彼は尋ねるだろう。当然あなたは「いいえ、私は愛だけが欲しいのです」と言う。すると彼は「愛は憎しみの波動の一つの形だから、それは不可能だ」と答えるだろう。

しかしそれはまたその矛盾、両極端の中庸に留まりなさい、という教訓をも意味する。中庸、もののごとのバランスにおいて初めて、人は両翼を得ることができる。片翼だけでは鳥は大空高く自由に飛翔することはできない。

あなたは記憶しておきなさい。普通私たちは、光と闇を二つの相反するものととらえているが、これは間違いだ。科学的見地からすると、闇は光が最小である状態だ。試みれば、闇の中にも光を見出せる。光のないところには闇もない。調査する機器がそれを認識できないとしても、それはまた別の問題だ。私たちの目は、闇の中の光を識別できないかもしれないが、光と闇は同じ次元に存在する。二次元的問題ではありえない。

そもそもこの世の中には、矛盾などというものはおよそ存在しないのだ。というのも、もし矛盾などというものがあったなら、相反するものを結び付けるすべはないからだ。もしも誕生と死が別個の実在であったなら、誕生は誕生で己の道をゆき、死は死で己の道をゆき、両者がまみえるところはない。誕生と死は絡み合っている。(その証拠に二歳児はtwo years old=二歳の老人と言う)一つの連続対の両端なのだ。

宗教と道徳は大きく異なっている。道徳はごくありきたりで、月並みで、平凡だ。道徳は人を究極まで連れてゆくことができない。それは神の道ではない。道徳はただ社会的な策略でしかない。ある社会では正しいことが、別の社会へいくと誤りになるのはそのためだ。インドでは善とみなされていることが、日本では悪と考えられている。

善悪のはからい、判断を超えることが、注意深く見守ることの道だ。この注意深く見守ることを通して、変容が起こる。それが道徳と宗教の違いだ。道徳は言う。「正しいことを選び、過ちを避けなさい。善を選び、悪を拒むのだ」。宗教は言う。「ただ両方を見守りなさい。一切選んではいけない。無選択の意識に留まりなさい」

対立は幻想の産物

なぜ人生はすべて対立からなっているのか、疑問に思ったことがあるだろうか？　なぜ大切なものはすべて一対の対立の一半なのか？　なぜ決定はすべて対立の間で行われるのか？　なぜあらゆる欲求は対立に基づいているのか？　TP心理学者最大の理論家で、数々の名著のあるケン・ウィルバー（『無境界』）がそう問いかけている。

上下、内外、高低、長短、南北、大小、左右。また肝心なことはすべて、一対の対立の一つの極であることにお気づきだろうか。善悪、生死、苦楽、神対悪魔、自由対束縛。社会的、美的価値も、必ず対立している。世界は相対立するものの集合体なのか？

しかし自然は真実の蛙と虚偽の蛙を生むわけでもなく、貞淑な木とみだらな木を生むわけではない。道徳的な山と非道徳的な山もない。そのためにかのソローは「自然は絶対に誤らない」と語った。

そもそも人間が対立の決断を下すのは、何を選び何を選ばないかの境界線を引くことによる。戦争を遂行するということは、敵と味方の間に境界線を引くことだ。

だが境界に関して奇妙なのは、それがいかに複雑で洗練されたものであろうと、実際には内側対外側を区切るものに過ぎないと言うことだ。もっとも単純な境界線の一形態である円を描いてみると、それが内側対外側を表していることがわかる。だが内側対外側は、われわれが円の境界を描くまでそれ自体の中に存在しなかった。つまり一対の対

立をつくりあげるのは境界線自体なのだ。アダム自身もまもなく発見したように、対立の世界とは争いの世界だ。事実は単純だ。われわれが争いと対立の世界に住んでいるのは、境界のせいだ。

相対立するのを分離し、肯定的な一半を追求するのは、進歩的な西洋文明を際立たせる特徴のようだ。進歩とは結局、否定的なものから離れ、肯定的なものに向かうことだ。しかしその結果人類自ら、より幸福で平和になったことを示す証拠はこれっぽちもない。

この思考問題の根源は、対立を互いに和解不可能なものと見る傾向にある。例えば売買のようなもっとも単純な対立さえも、二つの異なった出来事に見られてしまう。しかし売買は誰かが買う時には、相手が何かを売っている。つまり売買は単一の「商取引」という一つの出来事の両端に過ぎないのだ。これと同じ形で、すべての対立は互いが同一であることを暗示している。ということは、相対立するものがいかにハッキリ違っていようと、それは他方なくしては存在できないという理由で、相互依存の不可分なものだ。

対立の内なる統一は、東西の神秘主義に限られたことではない。西洋の知の物理学に目を向けると、そこにもリアリティを対立の統合と見る見方が存在している。例えば相対性理論では、静止対運動というかつての対立は識別できなくなり、「互いが双方」になっている。一人の観察者に静止している物体は、同時に他の観察者には動いて見える。同様に波と粒子の分裂が消えて「ウエイヴィクル（波子）」となり、構造対機能という対照も消え去る。それで現代物理学は、リアリティとは対立の統合と考えるしかないと言う。

つまりわれわれが普通和解不可能だと考えている原因と結果、過去と未来のような物事は、実際には波の峰と谷のように単一の振動なのだ。谷のない峰だけの波があるであろうか。これらの点で、一言でいうなら「究極のリアリティは対立の統一である」。

これを証明するのに線を用いると理解できる。線は相対立するものを区別すると同時に結ぶということだ。それを次のような図で示せばわかるように、同じ線が同時に凹凸を生

んでいることがわかろう。それは凹凸が一緒に生じてくるのであって、この線が凹面と凸面を分離させているとはいえない。線は境界ではない。線は精神的、論理的なものであれ、区分するだけでなく結び合う。

一方境界線は幻想そのものだ。実際には分離できないものを分離するふりをするのだ。ここから世界中のあらゆる神秘的伝統において、対立の幻想を看破した人が「開放された者」と呼ばれる理由もわかってくる。彼はもはや平穏を求めて対立を操作し、一方を他方と衝突させない。両者を超越する。善対悪ではなく、善悪を超える。生対死ではなく、両方を超える自覚の中心となる。対立即肯定と否定の両方を統一し、調和させるのだ。

その時は不一致が一致となり、戦いは踊りとなり、かつての敵は愛人となる。

一に還元される生

このように少し高次元の世界に目覚めた者は、一対となった相反するものから開放されるようになる。二つの相反するものは、一つであり同じだということを知るのだ。二本の向かい合った枝は同じ

木の幹の一部となっているのと同じだことだ。

怒りを現すことに反対する者。その寛大さは無能だ。寛大さの力は怒りの中にある。怒ることのできる者だけが、寛大になる力を持っている。怒りが苛烈であればあるほど、寛大さの度量は大きなものとなる。ほかならぬ怒りの力が、寛大な行為に光沢を与える。怒りのないところ、寛大さはまったく生命のない、死んだもののように見えるだろう。

和尚が言うのは、生のあらゆる面において、いかにしてごく自然な生を生きるかということだ。不自然な生を生きるすべを身につけてしまったために、われわれはいかなる次元においても自然に生きてはいない。「左足だけで歩きなさい。左足は信仰を、道義を現しているのだから。右足で歩いてはいけない。右足は罪深さを現しているのだから」。あなたがこういって、相手がこれを信じたとすれば（しかもこれを信じる人間は大勢いる）、やがて彼らは右足を切り落として、左足で歩こうとし始める。絶対に歩けはしない。

また和尚が言っているのは、われわれが対立物と呼んでいるものは、対立物ではないということだ。生はこの上なく神秘的な秩序から成りたっている。この神秘的な秩序のうちに、ものごとが存在できるようにと、対立物がつくり出されてきたのだ。建築中の家の前に山と積まれたレンガを見たことがあるだろう。

レンガはどれも同じだ。それを建築家が、その家にアーチ形の門戸をつくるために互い違いに並べる。門戸をつくるにあたつて、レンガを互いに支えあうよう、それぞれ互い違いに置いていくのだ。単純に重ねていってるのでは、門戸はたちまちのうちに崩れでしまう。単純に並べられたレンガは力を伝えない。そこには抵抗がないからだ。

ブッダは一日のうちに「神を信じない」という者に対しては、「いたるところ、神のほかには何もない」と言い、「神を信じる」と言う者に対しては、「神？　そんなものはいない」と答え、「神はいるのか、いないのかわからない」と問うた者に対しては、「私もわからない」と返答したと言う。

そのために付き添いの弟子が迷ってしまい、ブッダに尋ねた。するとブッダは「あの三人は均衡のとれた地点に導かねばならなかった。朝来た男は無神論者だった。無神論者では、彼は不完全だ。なぜなら生は相反するものでできているからだ」と答えた。

これを心に留めておく必要がある。真に宗教的な人間は両方である。一方では無神論者であり、一方では神の信者である。真に宗教的な人間の生は二つの面を含んでいる。そしてその人間は、二つの対立するものの間に調和をもたらしている。宗教はその調和のうちにある。したがって神の信者にしか過ぎない人間は、その生で均衡を得ていない。

ついでに言えば、あなたが神と一つになるなどとは言えない。なぜならあなたはいつも神と一緒だったからだ。あなたが神と離れたことなどなかったからだ。分離はあなたの幻想だ。それにその幻想ゆえに、あなたはまた別の一元性の幻想を創りだす。分離そのものが幻想だ。そして今、それを否定するためにあなたはまた別の概念を創りだす——一元性をだ。だがもし分離が間違いであれば、一元性もまた間違いにならざるをえない。

存在は一つだ。だから例え一元性について話すことでさえ間違いだ。あなたは「一」なのだ。一元性ではない。そこには誰もいない。あなたでないものは去っていった。他者は落ちた。そして他者が落ちてしまった瞬間、思考は消える。思考とは他者だ。だから思考がなくなれば、他者もまたいなくなる。

あなたはその神を多分「一」なるものと宣言するだろう。おそらくそう宣言することにすらためらいを感じているに違いない。というのは「一」を主張することで「二」が存在するかのような印象を与えるからだ。「一」は「二」との関係においてのみ存在する。それゆえ、より深い理解を得ている人々は「一」なるものが残っているとすら言わない。アドヴァイタ、「非二元性」が残っているという。アドヴァイタとは「二」がないという意味あいだ。「二」「三」と分割が続くのは、実は「私《マインド》」の存在を土台とした感覚に発している。それゆえ「私」の停止とともに、全体たるものが、分割しえないものが残る。

ゾルバ・ザ・ブッダ

これまでの人類は、魂は実在するが物質は実在しないと信じるか、逆に物質は存在するが、魂は実在しないと信じるか、そのどちらかで生きてきた。過去の人類は、必ず唯心論者か唯物論者かのどちらかに分かれていた。

しかし人はその両方だ。彼は精神性だけではなく、ただ物質だけでもない。彼は物質と意識の途方もない調和だ。あるいは物質と意識は別々のものではなく、一つの現実の二つの側面に過ぎないのかもしれない。物質は意識の外面であり、意識は物質の内面だ。しかし過去において、哲学者や賢者や宗教的神秘家のうち誰一人として、この統合を宣言したものはいなかった。彼らはみな、一方は真実だが他方は幻影に過ぎないと言って、人間を分割する道を選んできた。

そのことが惨めさや苦悩を生みだし、決して終わることのないような闇夜をつくりだしてきた。肉体に耳を傾ければ、自分自身を非難するはめになるし、ただ意識だけに耳を傾けるなら、自分の成長は釣り合いが取れない。意識は成長するが、肉体は萎縮して、バランスが失われてしまう。そのためにバランスにこそ健全さがあり、バランスにこそ全体性があり、バランスにこそ喜びや歌やダンスがある。

西洋は肉体に耳を傾けることを選び、意識という現実に関する限りまったくツンボになってしまった。その最終的な結果は、高度な科学、発達した技術、豊かな社会、日常的、世俗的なものの豊かさのただなかにあって、魂を欠いた。反対に東洋は意識を選び、物質と物質的なものすべてを、ただ見かけだけで現実には存在しないマーヤ(幻影)、砂漠の蜃気楼として非難してきた。だが東洋はそのために、空腹で飢えた。犬のように死んでいく何百万という貧しい人々を生みだしてきた。

その責任は私たちすべての聖人――このはかり知れない犯罪の責任は、すべての哲学者(唯心論者と唯物論者の両方)の双方にある。

そして両者の真実の統合としての人材は、「ゾルバ・ザ・ブッダ」である。ブッダはむろんおわかりであろうが、人間意識の最高の高みに立った人物ではあるが、彼は残念ながら地上の人ではなく、空を駆ける人だ。鳥は両翼があってよく天空を飛ぶが、仏陀はその点においては片翼の人でしかなかった。

それに対しギリシャの作家カザンザキスの小説『その男ゾルバ』の主人公ゾルバは、肉体の快楽、地上の快楽を信じた男である。彼は来生において自分に何が起こるか、天国に入るか、地獄に投げ入れられるかなどまったく気づかうことなく、生をその極限まで楽しんだ男だ。彼は山に入って石塊の落ちて行くさまにすら、生々とした生命感を感じ、満月の夜には、楽器を持って潮騒の聞こえる浜辺で歌い、踊ることのできる人物だ。

しかしゾルバは踊ることができ、歌うこと、祝うことができても盲目だ。ブッダは見ることはできるが、ただそれだけしかできない。彼は純粋なる目と明晰さと知覚を持つが踊れない。彼は片端であり、歌うことができないし、祝うこともできない。ゾルバは半分であり、ブッダも半分だ。これが結びつくとすれば、それは物質と魂の統合だ。

それは物質と意識の間には葛藤がないということで、私たちはその両面において豊かになることができるという宣言だ。それを肉体と魂は一つだと言う、「存在」はスピリチュアリティ(精神性)に満ちていると言う。山々ですら生きており、樹々にすら感受性があるという宣言だ。この全存在はその両方だ。あるいはおそらく、物質と意識という二つの現れ方をするただ一つのエネルギーだ。

そのため「ゾルバ・ザ・ブッダ」というのは、この世のもっとも豊かな可能性だ。この両者のドッキング体は自らの本性をその極限まで生きる。彼はこの大地の歌を唄う。彼は大いなる大地を裏切らないし、また聖なる天空を裏切ることもない。

過去の人間が貧しかったのは、彼が「存在」を分割していたからだ。新しい人間、ゾルバ・ザ・ブッダは、この全世界が自分の家であると主張する。そこに含まれるものすべてが私たちのものであり、私たちはそれをあらゆる可能なやり方で使わねばならない。どんな罪の意識も持つことなく、葛藤もなく、選択もせずに。われわれはあらゆる物質を楽しむことは可能だし、あらゆる意識を祝うことも可能なのだ。

万物の合一性は真実

対立性に関して、世界の対立性はおろか、この宇宙万物の合一性を語るのはＴＰ心理学の背景をなすアメリカのニュー・サイエンスのリーダー、フリッチョフ・カプラ（『タオ自然学』）だ。この書が七五年に発売になるや、アメリカ、イギリスでベストセラーとなり、世界各地で現代物理学と東洋神秘思想との関連を説く講演依頼が相次いだ。

まずカプラが取り上げる各種宗教の中で、仏教であるが、仏教は長い間、インドシナ、スリランカ、ネパール、チベット、中国、朝鮮、そして日本などアジアの大部分の国々の精神的伝統であった。インドにおけるヒンドゥー教と同じように、仏教はこれらの国々の知的、文化的、芸術的生活に強い影響を及ぼしてきた。

神話的で儀式的なヒンドゥー教に較べ、仏教は明らかに心理的だ。

ブッダは宇宙の起源とか、神の摂理などに関する好奇心には答えようとはせず、もっぱら人間の置かれた立場、苦悩と不満に満ちたその存在に関心を持った。つまりブッダの説く教えは、形而上的なものではなく、サイコセラピー（精神療法）なのだ。ブッダはマーヤ（この世は幻想）、カルマ（業、輪廻転成)、ニルヴァーナー(涅槃《ねはん》)など、インドの伝統的概念に、ダイナミックで新鮮な心理的解釈を加えた。

ブッダの死後、仏教はヒーナヤーナとマハーヤーナの二大宗派に別れた。小乗仏教とも呼ばれるヒーナヤーナ派は、ブッダの言葉を史実に忠実に守る正教派であるに対し、大乗仏教とも呼ばれるマハーヤーナ派は、より柔軟で、形式よりもブッダの教えの精神を重んじる。その後両者はアジア一体に広がった。

仏教の伝説によると、ブッダは悟りを開いた後、すぐにベナレスの鹿野苑へ行き、同僚の修行者たちに自分の教えを説いた。「四諦」と呼ばれるこの教えは、この名が示すように、四つの部分に別れ、非常な簡潔な形で述べられている。

ブッダはその教えを一貫した哲学体系としてではなく、悟りに達する方法ととらえていた。仏教の世界観はすべてのものの無常を強調している。ブッダは彼自身を含む、すべての精神的権威からの自由を強調した。マハーヤーナ仏教のもっとも知的な哲学者、ナーガルジュナ(龍樹)の根本は「空」という言葉は、しばしば誤って擬似的ニヒリズム宣言と解釈される。しかし彼の言わんとするところは、人間によって作られたリアリティ、または空そのものは、何もない状態ではなく、それこそすべての生命の根源であり、またすべてのもののエッセンスの意だ。これを支える二本の柱が「智慧」と「慈悲」だ。

従って万物の基本的性質は、単に抽象的な「あるがまま」とか「空」などの形而上的用語で現されるだけではなく、大乗仏教の宗教意識を反映した「ダルマカーヤ(存在の本体=法身)」という言葉でも語られる。この「ダルマカーヤ」はヒンドゥー教の「ブラフマン（宇宙身）」に近いもので、宇宙のすべての物質のみなぎり、人間の精神にはボーディ（菩提）として反映される。精神的と同時に物質的なのだ。

マハーヤーナ仏教がアジアに広まった時、中国人と日本人にもっとも強くとらえられたのは、インドの天才宗教家によって書かれた『アヴァタンサカ・スートラ』（後の華厳教）だ。この経の中心テーマは、すべての事物の一体性と相互連関性だ。

これは東洋における宇宙観のエッセンスであるだけでなく、現代物理学の唱える宇宙観の基本的な要素だ。東洋の世界観の本質とも言える極めて重要な特質は、万物は一体で相互に関連しているという根本的合一性の自覚にある。あらゆる物事を、宇宙全体の中の相互に関連しあった不可分の部分と受け止め、同じ究極のリアリティが別々な形をとって現れたものとみなすのだ。この究極不可分のリアリティに東洋の精神的伝統は絶えず注意を向け、ヒンドゥー教では「ブラフマン」、仏教では「ダルマカーヤ」、道教では「タオ」と呼んできた。それがあらゆる概念やカテゴリーを超越するので、仏教ではさらに「タタータ（如）」、すなわち「あるがまま」とも呼んでいる。

通常の生活では、われわれはこの万物の合一性に気づかず、世の中を個々の現象にわけてしまう。それは日常的な環境に対処していく上で有用なことであり、必要なことでもあるが、それはリアリティの本質的な姿ではない。物を分別するわれわれの知力が生み出した抽象概念なのだ。従って、さまざまな現象をそのまま自然界のリアリティと信じるのはそれこそマーヤ、われわれの幻想に過ぎない。

第三章　世界はそれ自身完璧ゆえに肯定する

探究者は闘わない

人間は誰もがあるがままの自分を受け入れることを恐れている。これが人類の過去の歴史全体が子供たちに、一人一人の人間に教え込み、条件づけるやり方だ。

この策略は単純だが、非常に危険だ。その策略はあなたを非難すること、そしてあなたが常に自分以外の誰かになろうとするように理想を与えることだ。キリスト教徒は、キリストになろうとしている。仏教徒は、ブッダになろうとしている。自分自身から気を逸らすそのからくりは、そうしている本人たちが気づかないほど巧妙だ。

キリストが十字架の上で言った最後の言葉は、多くの意味で途方もなく意味深い。彼は神に祈った。「父よ、この人々をお許し下さい。彼らは自分たちが何をしているのか分からないのですから」。

これはすべての父親に、すべての母親に、そして教師に、聖職者に、道徳主義者に当てはまる。また文化、社会、文明を担い、個人を一定の型にはめようとする人々に。おそらく彼らは、あなたのためを思っていろいろなことをしている。彼らの意図は疑わない。だが彼らは無知であること、彼らは無意識な人々であるということに気付いて欲しい。

幼い子供は、無意識な社会の手の内に生まれる。そして無意識な社会は子供をその社会の理想に従って型にはめようとし始める。子供が独自の潜在性を持っているという、もっとも基本的なことを忘れて。子供はキリストやクリシュナやブッダへと成長しなければならないのではない。彼は自分自身になるために成長しなければならない。

しかしもしあなたが誠実であること、正直で、真摯で、自分自身であることを主張すれば、誰からも非難されるだろう。自ら、「私は私以外の何者にもならない。受け入れられようが、受け入れられまいが、名誉を得ようが得まいが。一つのことは確かだ。私は私自身でありうるだけで、ほかの誰にもなれやしない」と宣言するには、鋼のような気骨が必要だ。それだからみんな自分自身であることに恐怖を抱く。

しかし生を全面的に受け入れたなら、生の中で自然なことすべて。生の中で神によって与えられているすべてを受け入れたら、それは、あなたを神性の最も高い領域、未知の高み、崇高な高みへと連れてゆく。

この受容を有神論と呼ぶ。そして神によって与えられたものへのこの信頼は、開放へ向かう扉だ。反対に生の中の自然なもの、神の計画の中の自然なものを人間に受け入れさせないような教えを無神論と見なす。「これに反対しろ、あれを抑圧しろ。自然は罪深く邪悪だ。欲望に満ちている。これを捨て、あれを捨てろ」このような意見、これらすべてが無神論を構成する。放棄を説く者たちは無神論者だ。

例えばあなたが行く道の路上に岩が転がっている。するとあなたが理解しないかぎり、岩は障害物でしかない。しかしもしあなたが理解した日、それはあなたの梯子となる。岩が道に転がっている。理解しないうちは、「私の行く手に岩があるじゃないか。どうして先に進めるっていうんだ？」と叫んでいた。しかし理解すれば、あなたは岩をよじ登り、先へと進むだろう。そしてこう言って岩に感謝するだろう。「あなたは私を大変祝福してくれました。なぜなら登り終えた後、自分がより高い次元にいることがわかったからです。あなたは一つの足掛りだったのに、私は障壁だと思っていたのです」と。

だから探究者は、闘おうとする傾向に気をつけなければならない。反対にすべてのものにイエスということだ。試しに一カ月の間「イエス」という道だけに従ってごらん。「ノー」には従わないことだ。あなたが一体となるのはそこからだ。

「ノー」は決して合一に至るのを助けられない。なぜなら「イエス」は受容であり、信頼であり、祈りだからだ。そして「ノー」は抑えられるべきではない。もし抑えたら報復する。ノーにもノーを言わない。ただ無視するがいい。この「抑えること」と「無視すること」の間には、大きな違いがある。あなたはノーがそこにあるのを知っていて、しかも認めている。それでもイエスに従う。イエスに従い、ノーと闘わない。すると次第にノーが飢えていき、突然在る日、そこにはノーがなくなっているのに気づくだろう。

生をその純粋で自然な形のままで受け入れるがいい。生はisnes（そのあるがまま）の在りようで完璧なのだ。そしてその豊かさの中で栄えることだ。満ちあふれていること自体が、人を一歩一歩、上へ引き上げてくれる。

明け渡しによる全肯定

もし人が自分のリアリティをあるがままに受け入れたなら、まさにその受容の中ですべての緊張は消えてしまう。苦悩、欲望、失望、そういったもののすべてが蒸発してしまう。そして欲望、緊張、断片性、分裂、精神分裂症も何もなければ、その時突然、慈悲が起こる。これらは理想ではない。これらはとても自然な現象だ。必要なことは理想を取り去ってしまうことだ。なぜならばそれらの理想はブロック（障害）として働いているのだから、人は理想的であればあるほど、障害が多くなってしまう。

神はすべてをレット・ゴー（ゆだねた状態）の時、サレンダー（明け渡し）の時に初めて起こる。あなたが神を求めたり、探したりすることはできない。探索はすべて合理的なままだ。探究は、すべての思考の中に礎が置かれている。思考は偉大なる探究者だ。そして探索、審理、探究というものは、すべて好奇心に基づいている。深いところで、あなたの探究の背後には、「知る人になりたい」というエゴが存在している。知らないということは傷つける。エゴはそれを満足させたい。そしてエゴには神を知ることはできない。なぜなら、そのエゴが障害だからだ。

明け渡しとは、「切り離されている」という幻覚を落とすことだ。すべてをゆだねるとは、「私は世界に溶けます」と声明することだ。明け渡しとは、「私はあらゆる探索を、審理を、探究を落とします」ということだ。明け渡しとは、「私はただ、受け身で、用意ができています」ということだ。そしてその時それは起こる。

奴隷という言葉には大変な恐れがある。なぜなら、奴隷制が人に押しつけられる時、それは西洋では一次元的な意味しか持っていないからだ。

そして「明け渡し」(surrender)という言葉も同様のケースだ。西洋ではそれに美しい意味はない。東洋では「奴隷」(slave)には、二つの意味がある。西洋にない意味はあえて奴隷状態を受け入れるということ。それは美しい。進んでその状態を受け入れる。「私は全体の一部分であり、それとは離れていない」と人は明け渡す。

これは明け渡しのまったく違う意味だ。それはこの上なく幸福な状態だ。それはあなたが明け渡すように強いられるということではない。それはあなたが自分自身からそうすることだ。その時あなたはこういうことを理解している。つまり自分が単に全体の一部分であるということ。大洋の中の一つの波だということ。そしてその波は大洋に明け渡す。なぜなら「私は分離していない。大洋全体が主人だ。そして私はその大洋の中のただの一つの波だ。私は明け渡す。大洋のしたいようにさせよう」と了解しているからだ。

それがイエスが磔にされている時に言ったことだ。「神の御国が来たらんことを、神の御霊が実現されんことを」と。それが明け渡しだ。それが奴隷になることだ。その瞬間、イエスは彼のエゴの最後の残影を落とした。

明け渡しにあっては、グル(導師)の恩寵というものもまた技法の一つだ。ただ言葉が違うだけで、何も変わらない。明け渡して初めて、グルの恩寵を受け取れる。明け渡しの仕方を知らなければ、どんな恩寵も受け取れない。実際のところ恩寵とは、与えられるものではなく、受け取れるものだ。恩寵を与えることのできる人はいない。

こう言うと逆説的に聞こえるかもしれない。だがそれは真実だ。明け渡しとは、全面的な明け渡しを意味する。すべてをグルにゆだねる。それはつまり「もう私はいません。あなたの好きなようにしてください」と言うことだ。そしてひたすら待ち、もう二度と師に「いつこれこれをしてくれますか」と尋ねなくなる時、あなたは明け渡している。

これは非常に深い覚醒があって初めて可能だ。その覚醒とは何か。覚醒が現れるのは、各種の技法をずっと続け、そして「自分は無力だ」と感じる時だ。技法を行う前から「自分は無力だ」と決めてしまってはいけない。それでは偽りだ。まず技法をやってみる。真剣にやってみる。もし技法が役立つようだったら、明け渡しの必要はない。

ところが一方、これらの技法を真剣に全身全霊でやり、自分をだますことがなかったにもかかわらず、何も起こらなかったとしたら、その時あなたは自分の無力感を感じるだろう。「自分には何もできない」と感じるだろう。この無力感が内側深くにまで達して初めて、あなたは明け渡しが可能になる。それ以前はだめだ。

コペルニクス的展開

和尚がこのように世界の全面的肯定に至るには、多分生い立ち（自伝的要素）の背景もあったと思われる。しかし教養的背景としては、明らかにタントラ（主としてチベット密教）がある。タントラの絶大な影響を受けていると言わねばならない。

タントラとは、もともとはサンスクリット語の「糸」という意味であり、それからいろいろな内容が後に派生したという歴史がある。機を織る例えを用い、横糸と縦糸の交錯によって、宇宙の真理を把握することができるという発想が根底にあったと考えていいだろう。タントラはもともと、思想とか哲学を説くためのものではない。言ってみれば大宇宙すなわち絶対の世界と、小宇宙即人間の世界がもともと一体であるという考えに帰ることを目指した実践の道、修道の仕方を明らかにするものなのである。

従ってタントラはあるがままの自分を受け入れなさいと言う。それは深い受容だ。自分とリアル（実存）、世間とニルヴァーナ（涅槃《ねはん》）の間にギャップ（断絶）をつくり出してはならない。さまざまな多次元的なエネルギーとともに、深い感受性と気づきと愛と理解をもって進みなさい。それとともに進むがいい。

そうすれば一つ一つの欲望が、それ自身を超えるためのビークル（乗り物）になる。一つ一つのエネルギーが手助けになり、まさにこの世がニルヴァーナになる。そしてこの肉体が寺院、聖なる寺院、聖なる場所になるというものだ。

同じくオーストリアの実存心理学者で、TP心理学創設の際の参加者でもあったV・E・フランクル（『それでも人生にイエスと言う』）も、生の全面肯定を訴える。フランクルという学者はナチスのユダヤ人刈りで、強制収容所へ送られ、同じ集団の九五％が駅からそのまま直接ガス室送りになったというのに、彼は運良く免れ、釈放後は『夜と霧』という記録書によって世界に知れ渡った実に良心的な心理学者だ。

そうした地獄の体験をくぐってきた人物の人生肯定観なるがゆえに、その意見の単純さにもかかわらず一層読者に真実感をもたらす。

彼は収容所内での決定的な一幕を想起する。ある時生きることに疲れた男女の二人の人がたまたま同時に彼の前に座っていた。二人は声を揃えて言った。「自分の人生には意味がない」と。まったくその通りでこの世界では、彼らは無に等しい存在でしかなかった。けれども二人の方には期待するものが何もなくとも、二人を待っているものがあることがわかった。その男性を待っていたのは、未完のままの学問上の著作だ。その女性を待っていたのは連絡のとれない外国で暮らす子供であった。

そこで重要だったのは、カントに習っていうと「コペルニクス的」回転だつた。それはものごとの考え方を一八〇度転換することだった。その転換をしてからは、その転換を果して後の彼らはもう「私は人生に何を期待できるか？」と問うことはなく、それからは「人生は私に何を期待しているか？」と聞くだけとなった。

つまり私たちが「生きる意味があるか」と問うのは、初めから誤っているのだ。私たちは生きる意味を問うてはならない。人生こそが問いを出し、私たちに問いを提起しているのだ。私たちは問われている存在なのだ。私たちはその問いに答えを出さなければならない存在なのだ。そしてそれは生きていることに責任を担うことだ。

こう考えると、恐れるものはもう何もない。どのような未来もこわくない。未来がないように見えても、こわくない。もう、現在がすべてであり、その現在は、人生が私たちに出すいつまでも新しい問いを含んでいるからだ。すべてはもう、その都度私たちにどんなことが期待されているかにかかっているのだ。その際、どんな未来が私たちを待ち受けているかは、知るよしもないし、また知る必要もないのだ。

ある無期懲役囚が移送の途中火事が発生して、この黒人懲役囚は手錠を解かれ、十人の人を救って、その働きに免じて後に釈放となった。このようにどんな人にもどんなことが待ち受けているか、誰にもわからないのだ。どのような重大な時間が、どのような一回きりの機会が、まだ自分を待ち受けているのか誰にもわからないのだ。

この人生が出した問いに答えることで、瞬間の意味を実現することができる。

人生にイエスといおう

自分の意味よりも、人生の問いに答えるというコペルニクス的展開によって、人はどんな現状でも生きてゆくことができる。どんな職業についているかは結局どうでもよいことで、むしろ重要なことは、自分の持ち場、自分の活動範囲においてどれほど最善を尽くしているかだけだ。最善を尽くして、生活がどれだけ「まっとうされて」いるかだけだ。各人の具体的な活動範囲では、一人一人の人間がかけがえなく代理不可能なのだ。

強制収容所内でのたった一食だけの飢えの中にあっても、「人間というものは、もし飢えに何か意味がありさえするなら、きっとまた進んで飢えを忍ぶものだ、と私は身をもって経験したからです」とフランクルは書いている。

戦後フランクルは病院で一人の医師として活躍するが、その中でも彼は数多くの人間の生きる生の尊厳さに触れることができた。まだ若い、元広告デザイナーだった男性が脊髄腫瘍を患った。そのため手足が麻痺状態となった。そこで彼は横になっている時は猛烈な読書にかかった。彼は体は制限されても人生が無意味になったとは思っていなかった。

ところが病気が進行して、もう書物も音楽も聴くことができなくなった。話すことも困難になった。その患者は自分の命がもう長くないことを、それどころかあと数時間しかないことを正確に知っていた。フランクルはその時、ちょうど病院の当直医として、この男性の最後の午後の回診をしなければならなかった。

その時当の患者が合図してフランクルを呼んだ。そしてこう伝えた。「午前の医師の話で、死ぬ数時間前に苦痛を和らげるためにモルヒネを打つように指示しました。それで今のうちに、この回診の際に注射をすましてください。そうすればあなたも宿直の看護婦に呼ばれてわざわざ私のために安眠を妨げられずにすむでしょうから」と。

この人は人生の最後の数時間でもまだ、まわりの人を「妨げ」ずにいたわろうと気を配っていたのだ。どんな辛さにも、苦痛にも耐えた勇気はともかくとして、こういうさりげない言葉、このようなまわりの人を思いやる気持ちは大変なものだ。ここに素晴らしい業績がある。彼のデザイナー時代の功績よりも、人間らしい無比の業績がある。

以上からわかるように、病気になったからといって必ずしも生きる意味がなくなったり、乏しくなったりするわけではない。むしろ病気が生に意味あるものにする可能性が常にある。次にあげる例でもそのことが確かめられる。

オーストリアのもっとも有名な法律学者の一人が、動脈硬化によって脚を切断しなければならなくなった。手術を終えて、一本脚で部屋をひょこひょこ飛び回りはじめたが、その時この世界中に名高い老人は、彼は小さな子供のようにすすり泣きしはじめた。「こんなになって生きている意味がない」とうめくようにこぼした。

そこでフランクルは聞いた。「会長さん、あなたはこれから短距離の選手にでもなるつもりですか?」。彼はびっくりして顔を上げた。「もしそういうことなら今のような言葉もわかりますよ。確かにあなたは意味がない。でもあなたはこれまで大変な仕事をしてこられたし、法律専門の人です。そんなあなたのような人まで、ただ片脚をなくしたからといって生きる意味もなくしてしまうものでしょうか?……」

この教養ある男性は、フランクルが言おうとしたことをすぐに理解して、泣きはらした顔にかすかに笑みを浮かべた、と言う。

強制収容所の体験は、運命のように必然的に、人間を退行的に、従って内面的な退行に追い込んだわけではない。まさにここでの体験を通して、内面的に前進し、内面的に自己超越して成長したケースをフランクルはたくさん知っている。

けれども人間というのは怠惰であるから、なかなか責任を負おうとはしない。そこで責任教育が始まる。たしかにこの課題は困難なものだ。しかしかつてあらゆる困難をものともせず、この肯定の道を行った人たちがいた。そしてブーヘンヴァルト収容所の囚人たちが作った歌の中で、「それでも人生にイエスと言おう」と歌った時、それを歌っただけでなく、いろんな仕方で行いもした。彼らも他の収容所の囚人たちも。

とすれば、今日それより全然ましな状況にある私たちが行えないわけがあろうか。人生はそれ自体意味があるのだから、どんな状況でも人生にイエスという意味があるのだ。

人間は過去世の贈り物

さらに自己の世界を全面的に肯定するとは、単に現世ばかりではなく自分が過ぎてきた遙か遙か彼方からの過去世の贈り物であることも肯定することでもある。

地球の最初の生命はウイルスのようなものだった。確かに生物だと言える最初のものはバクテリアとかアミーバだ。それから貝類と魚類が出現した。古生代の中頃湿地にシダ類の森林ができた。中生代には爬虫類が栄え滅び、新生代に始祖鳥が現れ、人類の遠い祖先プロコンスルが登場した。そして最後のウルム氷期に現人類ホモサピエンスが地上に現れた。その後農耕や技術の発展で生きているのが現在の人類なのだ。

こうした自分の過去世を知るためには、ジャティ・スマランという過去世を思い出すための技法がある。それは瞑想の一種だ。瞑想のある特殊な応用だ。瞑想とは、単に注意の焦点を合わせることを言う。従って注意の焦点を与えられた対象に合わせるといった応用もありうるわけだ。そのような応用の一つがジャティ・スマランだ。

人間の記憶というものは決して消し去られはしない。記憶は隠れているか、現れているかのどちらかだ。ただ隠れている記憶は、消し去られたかのように思えるだけのことである。私たちはたった一つの人生を記憶するだけでも耐えがたいのに、三つも四つもの過去世の記憶が垣根を破って押し寄せてきたら、気が狂いかねない。だからこそ自然はわれわれが過去を忘れてゆくように仕組んでくれたのだ。

ブッダはこれをアラヤ識と呼んだ。人間の心の片隅には、ブッダがアラヤ識と名付けた場所がある。アラヤ識とは意識の貯蔵庫という意味だ。われわれの留まることのない存在の中で、この貯蔵庫も変わることなくわれわれとともにある。このアラヤ識には、われわれが経験し、知り、生きたことは何であれ、すべてそこに貯えられる。

五歳まで思い出せる人は、五歳を越えてゆくことが、さほど難しいことではない。あなたが地上に現れた時点へと導いて行く扉もある。母親の子宮の中にいた記憶も決して消えてはいない。さらには受胎の時点、母親と父親の遺伝子が結びつき、そこに自分の魂が入りこむ瞬間へと、辿り着くこともできる。この時点へ辿り着いて初めて、人は過去世へと入ってゆけるのだ。それは間違いなく、とても信じられない体験になるだろう。

結果的に言えば、人間はこの系統発生してきた進化の歴史を全部己の中に貯えている。過去におけるわれわれの存在のすべてが、層の上に層を重ねている。例えば進化の道すがら、ある人は獣だったということは幾らもありうることだ。かつてわれわれは、いかなる意識の兆しを見いだすのも困難なほどの、不活性状態になってもいたに違いない。従って自分が岩だった頃の存在にさえゆき着くことができる。それもまた自己の存在の内なる層の一部を成している。また樹木の時代もある。その意味では人は歩く木だ。

われわれは内側深いところでは、岩であり、樹木である。だから誰かがその層へとわれわれを押しやると、われわれは岩のような、樹木のような態度を取ったり、振る舞うことができる。獣のように振る舞うこともできる。——現にそう振る舞っている。

人はみな毎日毎日、事務所、市場、暴動、抗議等々の万事のごたごたをつくり出している。すべてが人の内なる動物の層を刺激し活性化させている。夕方までには人は疲れ切っている。野獣になっている。だからナイトクラブで野獣がけだものの性分を露呈しているのが見られるのだ。人間は一日中人間であることにうんざりして、アルコールに飢え、他のけだものたちに混ざり込みたがっている。

しかし朝、モスクは礼拝への呼びかけをし、寺院は鐘を突く。朝、目を覚まし、すがすがしい気分になっている人には、神に向きなおる望みがある。夕方になって疲れている人にそれが起こる望みは薄い。だからして乞食は、いつも朝方に物乞いに来る。

同じ理由から、子供が神に向かう望みは充分あるが、老人は望みうすだ。老人は人生のたそがれにいる。すでに人生が彼らからすべてを奪い去ってしまったことだろう。それ故、人はできるだけ早く、できるだけ朝早いうちに旅を始めるべきなのだ。たそがれは必ずやってくる。しかしたそがれがやってくる前に、朝のうちに出ていたなら、たそがれ時には気がつくと神の寺院の中にいたということもありうる。

われわれはどんな前世を経ようと、いつの日か神になりうる。神になる可能性を持っている。しかし今あるわれわれは過去にあったものからきていることを認める必要がある。まず、われわれは現在過去世からの贈り物であることに気づかねばならない。

第四章　**愛は個を超える全一的なもの**

愛とは神である

　和尚は「愛が私のメッセージだ――それをあなたのメッセージにもしなさい」と言う。和尚にとって愛が唯一の宗教だ。愛は生において唯一の実質あるもの、他のすべては幻影だ。自分の中に愛を育てれば、神はひとりでに育ってゆく。

　また愛と瞑想は二つの翼のようだ。鳥は片方の翼では飛べない。ところが何千年にもわたって、人間はまさにそれをしようとしてきた。彼らは愛を選んで瞑想を無視するか、瞑想を選んで愛を拒むかしてきた。愛は瞑想への欲求をもたらし、瞑想は愛への深い憧れをつくり出す。これら二つの間をたやすく動くことができる人は、生の技を学んでいる。

　愛がまず第一に求めるのは、エゴを落とすことだ――。その意味では、愛はもっとも危険な現象の一つだ。あなたが自分のエゴをわきに置いておいて、初めてそれは花開く。愛は真の精神性だが、あなた方は情欲の見地から考え始めるかもしれない。愛は情欲ではない。愛は情欲とエゴの超越だ。宗教的な生はエゴを去って愛を受容する。非宗教的な生は情欲をもたらして愛を破壊する。これが二つの極端だ。その両者の超越が愛だ。

私たちは普通セックスと愛の両方の言葉を、まるで内的な関連があるかのように使っている。そんなことはない。愛はセックスが過ぎ去って初めて訪れる。それ以前には、愛はただの誘惑、前戯に過ぎず、それ以外の何ものでもない。それはただ性行為の下準備に過ぎない。それはセックスへの導入部、前置きにほかならない。だから二人の間にセックスが多くあればあるほど、愛は少ない。その時前置きは必要ないからだ。

二人が愛しあっており、しかも二人の間にセックスがなかったら、より多くのロマンティックな愛があるだろう。だがセックスが入ってくる瞬間、愛は出ていく。セックスはそれほど無愛想だ。それ自体とても暴力的だ。あなたが愛と呼んでいるものを深く見つめれば、セックスが今にも飛びかかろうと構えて立っているのを見いだすだろう。

真の愛は前置きではない。それは芳香だ。それはセックス以前ではなく、以後にある。それはプロローグ（序章）ではなく、エピローグ（終章）だ。セックスを通り過ぎて相手に「慈愛」を感じるなら、その時愛は成長する。そしてもし性行為の中で瞑想するなら、二人は深い瞑想状態に達したため、あなたは相手に感謝を感じるだろう。

もし愛が恋という焦点のない時には、それは祈りとなる。その時あなたはただ愛している。ちょうど今呼吸（永遠）しているようなものだ。もし呼吸が努力だったら、あなたは疲れてしまうだろう。愛とはまさに呼吸のようなものだ。精神的に高次元の呼吸だ。

そして慈悲は愛よりも高い。私たちはパッション（情熱）とは何かを知っているから、コンパッシヨン（慈しみ）が何であるかを理解することもそれほど難しくはない。情熱とは生物学的な興奮状態のことだ。それは熱い。あなたは生物学的な無意識のエネルギーにほとんど取りつかれたようになる。もはや自らの主人ではなく、ただの奴隷になる。

慈しみとは、あなたが生物学的なものを超越したことを意味する。あなたはすでに奴隷ではなく、主人になっている。今や、あなたは意識的に働いている。あなたは完全に自由だ。その時、情熱になっていたのと同じエネルギーが慈しみに変更される。情熱は肉欲だが、慈しみは愛だ。情熱は欲望だが、慈しみは無欲だ。情熱は相手を手段として使おうとするが、慈しみは互いの相手にとって、相手自身が目的となりうるよう敬意を払う。

慈しみはあなたをハスの花にする。あなたは欲望、強欲、怒りの泥まみれから上昇し始める。慈しみはあなたのエネルギーの変容だ。ブッダ（自覚せる者の意）になって初めて、あなたは慈しみとは何であるのかを体験できる。それは冷たくはないクール（冷静）な愛だ。それは全存在との喜びの分かち合いだ。それが慈しみだ。

ブッダは慈悲を「愛＋瞑想」と定義する。愛が相手への単なる欲望でない時、愛が単なる必要からのものではない時、愛が分かち合いである時、愛が乞食でなく帝王である時、愛が見返りに何かを求めず、ただ与えるだけの用意ができている時、与えることのまったき喜びのために与える時、その時には、それに瞑想を加えなさい。そうすれば、純粋な芳香が解き放たれる。閉じ込められた輝きが開放される。

それが慈悲だ。それはもっとも高次の現象だ。セックスは動物的であり、愛は人間的であり、慈悲は神的だ。セックスは生理的であり、愛は心理的であり、慈悲は霊的だ。

感情や思考は愛ではない

この和尚の原理とほぼ同様の愛を語っているのは、やはりJ・クリシュナムルティ（『自我の終焉』）だ。内容は概略同じであっても、クリシュナムルティには独特の語り口がある。それを述べてみると、彼はまず愛ではないものを理解することによって、愛を発見していく。なぜなら、愛は未知のもので、私たちは既知のものを捨てることによって、それに近づかなければならないからだ。肯定的にではなく否定的に接近する。

私たちにとって愛とは何であるか。それは私たちがその人間を所有するということを意味している。所有によって人は物になってしまう。その所有から嫉妬が生まれる。なぜなれば、私たちは相手を失えば、空虚感を覚える。そこで所有を合法化（独占化）してしまう。このような独占することから、嫉妬や恐怖が出てくる。従って所有は愛ではない。

言うまでもなく、愛は感情でもない。感傷的になったり、感情に走るのは愛ではない。なぜなら感傷や感情は単なる感覚に過ぎないからだ。イエスやクリシュナ（インド教中もっとも多く信者を持つ神）や、あるいはグル（導師）のことで涙を流す人間は、ただ涙もろく、感傷的であるに過ぎない。そういう人は感情に溺れている。そしてこの感情というのは思考のプロセスの意であり、思考は愛ではない。思考は感情の結果だ。

ところで私たちはたいてい感傷的で、感情的ではないだろうか。感傷性や感情性は一種の自己拡大に過ぎない。多感であることは決して愛ではないのだ。なぜなら感傷や感情の人は自分の表現に反応がないと、他者に対したちまち残酷になれる。これでは愛はない。

それでは寛容は愛か。また寛容とは何か。例えばあなたが私を侮辱する。すると私は腹を立てる。しかしその後に後悔して「私はあなたを許します」と言うと、これはどう意味だろう。それは相変わらず「私」が中心人物ということだ。まだ「私」が重要であって、相手を許すのは同じ「私」だ。重要なのは「私」であって、相手ではない。このような状態は愛とは呼ばない。愛している人間は憎しみを持たず、こんなことに無頓着だ。

同様に同情、所有、嫉妬は、すべて愛ではない。これらは皆精神という領域に属する。精神が仲裁者である限り、愛はない。というのは精神は所有欲を通してのみ仲裁するからだ。この仲裁は所有欲が形を変えただけのことだ。精神は愛を堕落させることしかできない。精神は愛を生むことはできないし、美を与えることもできない。

明らかにほんとうの尊敬がない時、愛は存在しない。あなたは普通自分以下の者には、関心がない。自分以上の人を尊敬している。自分以下には乱暴な口をきくということで、尊敬がない時には愛が存在しない。また慈悲や憐憫や寛大がないところには、愛はない。私たちの大部分がこういうふうなので、私たちには愛がないのだ。

このようなものがすべて停止した時、あなたが所有しない時、あるいは一つの対象に愛着を持ったり、感情に走らない時、その時にのみあなたは愛を知ることができる。愛着というものは懇願と同じであり、それとは違った形で何かを求めているのだ。従って懇願する人は愛を知らない。あなたは所有欲が強く、愛着や懇願（このためにあなたは感傷的で感情的になるのだ）を通して結果を求めているために、そこには愛がないのだ。

繰り返すと尊敬や慈悲のないところには、愛はない。あなたは持っているというかもしれないが、それは何らかの利益を当てにしている時に、あなたは寛大になり、またお返しを当てにできる時に、慈悲深くなるのだ。あなたがほんとうの尊敬や慈悲の気持ちを持った時、その時こそほんとうの愛が得られるのだ。そしてこの愛だけが、現代の世界に見られる狂気や愚行を変革することができるということだ。

愛を考えたり、教化したり、実践したりすることはできない。愛は状態であって「すること」ではない。同胞愛の実践も、依然として精神の領域のことであり、愛ではありえない。こういうことがすべて止まった時に愛が現れるのだ。その時愛は量ではなく、質の問題だ。あなたは「世界を愛している」などとは言わない。しかしあなたが一人の人間を愛することを知った時、あなたはすべてのものを愛する方法がわかるのだ。

私たちは一人を愛する方法を知らないため、私たちの人間愛というものは嘘になってしまうのだ。あなたが愛している時には一も多もないのだ。ただ愛があるだけだ。私たちの抱えているすべての問題が解決されるのは、愛がある時に限るのだ。

自然、師の中の師

今、調べなおしても見つからないのであるが、和尚はどこかで〔愛とはより厳密に言えば、美だ〕とか、〔神はより厳密に言えば、美だ〕（〔……〕は本文の直接の引用ではなく、筆者の記憶にある内容、以下同様）と言明している箇所がある。これはどちらがほんとうかわからないにしろ、和尚の言としては極めて適切なものだ。いわば和尚にとっては、愛、神、美は三位一体のもので、その間に齟齬《そご》はない。

和尚の言葉を持ってすれば、神とは心を落とすことであれば、愛においても、美においても成り立つし、ワンネス（全一性）への志向という言葉を使うにしても同じである。しかし邦訳されている限りにおいては、至るところで神聖な自然の美を引き合いに出して描きだしていても、美についてのまとまった記述はどこにも見当たらない。わずかに「芸術は無意識な姿をした宗教だ。宗教は意識された芸術だ」「私は〈宗教はアート（芸術）〉というウイリアム・ブレイクに同意する」というばかりだ。

そこでここでは愛の別の観点からの見直しをやるのではなく、アサ・ジョーリの弟子のTP心理学者ピエロ・フェルッチ（『人間性の最高表現』）による美＝芸術についての補足をおこなうと、美というものは、そもそも人間を下に引き下ろそうとする重力に抵抗し、あらゆる矛盾や苦悩が消え去る世界を約束する性格を持つ。なぜならその瞬間、あなたはすっかり私欲をなくし、清らかになるからだ。美を心から味わうことは、完全な善をかいま見ることであり、人生に対して無条件にイエスと言うことを意味するからだ。

しかし人はどのようにして自然を見るのか？　それに対し自然をもっともよく理解していた人々の

人生を研究すると、一貫して同じ姿勢があるのに気づく。つまり目的や先入観から開放され、あらゆるものに気づきながら見るのだ。

黙想によって、H・D・ソローは自然と同化することができた。日記によれば、川の流れを見ていると、それが血管の中を流れるのを感じた。霧の中にさ迷うと、まるで創造の起源に引き戻される気がした。六角形の雪の結晶には、宇宙の摂理を感じた。

自然をよく研究した者は誰でも、そこからたくさんのことを学ぶだろう。花の色や形、穀物の畑、森、鳥や昆虫、川の流れ、海の波、そして雲、これらの中には無尽蔵の宇宙の宝物が隠されているのだ。あらかじめ組み立てられた考えから自由になろうとしている人たちにとって、自然は真の師となる。レオナルド・ダヴィンチは「師の中の師である自然そのもの以外を道案内する者は、誰も無駄な骨折りをする」と書いている。

イギリスの風景画家、ジョン・コンスタブルは、自然を象形文字に例え、画家はその解読法を学ばなければならないと考えた。意味がすぐに明白になるわけではないが、こだわればこだわるほどに発見できるのだ。彼の友人は、コンスタブルが、子供を抱き上げた時と同じような歓喜の極みで、木を褒めそやしているところを時々見た、と書いている。

自然の形は驚くほど新しい感覚を呼び覚ます。イギリスの詩人、ウイリアム・ブレイクは、「木片のこぶをずっと見ているとぎょっとすることもある」と言う。ペトラルカはカシの木の幹、澄んだ泉、雲の中に恐ろしい顔を見た。フランスの画家ユージン・ドラクロワは、岩を眺めながらその中に人の形、牛の頭、象を見、海岸の波の跡には虎の縞模様を見た。こうした自然との豊かな接触は、まさに和尚の言う現実享楽家「ゾルバ」の世界であった。人間はブッダの片翼とともにもう片翼のゾルバの質が必要だとするのだ。

しかし美の道はただ気楽で楽しいものだけというわけでもない。この道で避けなければならないのは、まず何といっても唯美主義——すなわち美が連帯、知性、正義のような他の大切なものから離れてしまうことだ。唯美主義は他者からの分離や、自己疎外をもたらす。イギリスの美術評論家ジョン・ラスキンは、夢中になって赤ちゃんを抱いた婦人を描いていた。そのうちにもう一つの事実に気がついた。その赤子は飢えのために死にかけていた。ここで見えるのは美と陶酔だ。でも心は見えない。

もう一つの危険性は、精神の崩壊だ。意識が広がるにつれて、無限の可能性が開ける。けれども新しい感覚、イメージ、アイディアを統合する能力がそれに伴わなければならない。さもないとドイツの作曲家ロベルト・シューマンのように悪魔の恐怖に襲われることもある。シューマンの精神病には、別の要因もあっただろう。しかし彼の過度の感性も、一つの大きな要因だった。このような病的現象は特に美の道に見い出されやすい。

愛と憎しみは同次元

この世では愛の道もまた一番難しいもの、至難の世界だ。愛するためにはほんとうの度胸がいる。何千年にもわたって、人々が宗教の名の下に世間から逃げ出してきたのはそのためだ。彼らはほんとうは世間から逃げ出していたのではなく、愛から逃げ出していた。彼らは基本的には愛を恐れている。なぜこれほど愛への恐れがあるのか？

私たちが愛と呼ぶ感情は、実のところ憎しみの一種だ。愛する時、私たちは相手を自分の幸福（至福の永遠性に対し、限界的なる快楽）のための手段にする。相手を幸福の手段とすれば、たちまち憎しみが生まれる。人を愛する時も、私たちは自分のために生きる。自己中心的な目的のために利用したいと考える。時には相手のために何かをして上げているように見えるが、それは相手からの見返りを得ようとしてのことに過ぎない。私たちは報いを期待する。そうでなければ何もしない。だから愛はいつでも憎しみに変わる。憎しみや軽蔑に変わりうる愛というのは、隠された憎しみに他ならない。

愛は行為ではない。愛は行うものではない。もし行うとしたら、それは愛ではない。愛の中には何の行為もない。愛は存在の状態であって、行為ではない。もし愛を行っているのであれば、当然二十四時間それを行うことはできない。どんな行為であっても疲れてしまう。もし愛を行っているとしたら、その息抜きは憎むことだ。なぜなら人間にとっては逆のことしか息抜きにならないからだ。

だからこそ私たちの愛は、いつも憎しみと混ざり合っているのだ。同じ人間を今この瞬間に愛しながら、次の瞬間にはもう憎んでいる。同じ人間が愛と憎しみ両方の対象となる。これこそが恋人たちの葛藤だ。愛が行為であるからこそ、こういう苦悩が存在するのだ。だから理解すべき第一点は、愛は行為ではないということ。愛することならできるが、愛を行うことはできない。「愛を行う」というのは不条理だ。

私たちは何でも所有してしまう。愛の対象まで所有してしまう。愛する者は言う。「他の人を愛したりしないで、私だけを愛しなさい」するともうその愛は退化し、相手は愛することができなくなる。愛は不可能になる。それは何も「すべての人を愛しなさい」ということではない。「心を愛深い状態にしなさい」ということだ。それは呼吸のようなものだ。例え敵がそこにいようと、あなたは呼吸を止めたりしない。

それがイエスの語った言葉、「汝の敵を愛せよ」の意味だ。この言葉は長年にわたりキリスト教界の問題だった。「汝の敵を愛せよ」これは矛盾している。だが、愛することが行為ではなく心の状態ならば、もはや敵も味方もない。あなたはいつも愛の中にいる。愛するということは、心の状態のことで、行為ではないのだ。

愛には二つのタイプがある。一つは「君が必要なんだ。ほんとうに君を愛している」という時だ。これは醜悪な愛だ。なぜならそれは必要性に基づいているのだから。あなたは他人を使いたいのだ。あなたはまだaloneness（独りでいること）ができない。必要なのはロンリネス（孤独）ではなく、アロンネス（独り）だ。孤独は常に他者に関係しているが、独りは自分自身に関わっている。誰か他の人とのつながりが存在しない時、私は孤独を感じる。だが私が在る時には、独り（充足）を感じる。

今やあらゆる次元で人は独りであるべきだ。あなたは相手にすがりたい。これは間違った種類の愛だ。そしてこれが世間にある愛だ。誰かが自分の孤独を恐れ、他人にしがみつく。人を手段として使ってしまう。そして人を使う時、その人は物になってしまう。相手はもう人ではない。自由は失われる。あなたは人が自由であることを許せない。なぜならもし自由を認めたら、その時自分の孤独さに面と向かい合わなくてはならなくなる。

愛はあなたが自由でaloneness（独り在ること）と、いかに生きるかを学びとった時のみ可能だ。あなたが独りでまったく幸せであり、他人をまったく恋しく思わない時、その時にのみ、あなたは他人を愛せる。それは矛盾しているように聞こえる。しかし「私はあなたを必要としていない。私はただあなたを愛している」と言う時、それがほんとうの愛だ。これが創造的な愛だ。今や、所有する必要はない。今や、相手にあなたの自由を破壊させる必要はない。今や、愛は自由と共に存在しうる。

結婚と家族制度の否定

和尚は世界に異なった種類の関係性を望んでいる。それは古い種類のrelationship（関係性）と区別するために、relating（かかわり合い）と呼ぶ。結婚という言葉は、これまでに余りにも汚染されたものになっているので、それをただ「友情」と呼びたいと思う。「愛ある結びつき」と。二人には明日の約束はないし、この瞬間だけで充分だ。この瞬間を愛し合っているなら、次の瞬間もまたその中から生まれてくるだろう。それはもっと豊かになってゆくだろう。

愛は結婚にもなりうるが、その時には全面的に異なった種類の結婚になる。それは社会的な形式ではなく、制度ではなく、束縛ではない。愛が結婚になるとは、二つの個が共に暮らすことを決めることだ。だがそれは絶対的な自由の中、互いを所有しない状態の中でなされる。愛は所有を知らない。それが自由をもたらす。愛が結婚へと成長する時、それは戸籍届とは（時に必要かも知れないが）何の関わりもない。

マルクスとエンゲルスは物の所有権ができてくると同時に、女性を所有するということも起こってきたと言う。そのため彼らは女性を社会化することに加担している。それは一つの愚行から別のそれへと向かっているだけだ。基本的な考え方は同じだ。つまり女性は所有物にほかならないということだ。全生涯、ただ一人の特定の男性の物である場合、彼女は妻だ。また一晩、ある男性の物である場合は、彼女は売春婦だ。

売春婦と妻との違いは何なのだろう。一方は一時的な取り決めであり、もう一方はほんの少し長持ちする。愛ではなく、法律の保証による結婚は、深層では永久的な売春だ。それは異なるものではない。そのため結婚と売春はともに共存してきた。

もしあなたがそれを奥深く洞察すれば、売春をつくり出したのは結婚だということがわかる。そして結婚がなくならない限り、売春がこの世からなくなることは決してないだろう。売春は結婚の影だ。実際、売春はずっと結婚を救ってきた。それは安全装置なのだ。男性は時々、単に変化を求めて、他の女性、つまり売春婦の所へ出かけることができる。そして自分の結婚とその永続性を守ることができるのだ。

人々は売春に敵対していると思っている。彼らはまったく間違っている。売春は同じコインの裏側だ。一方の面が結婚で、他方が売春だ。それゆえ結婚の制度が始まってかれこれ五千年になるが、人々は売春をなくすことはできなかった。それらは相互依存関係にある。もしも売春がなくなってしまえば、それだけで結婚は崩壊し始めるだろう。売春婦は接着剤のようなものだ。彼女は、あなたが自分の妻に飽きてしまわないように助けてくれている。しかしその両方が所有物という考え方に基づいている。

さらに言えば、結婚による家族の形成は時代後れの最たるものだ。それはその務めを終え、もはや必要とされていない。実のところ、それは人類の進歩にとって最大の障害となっている現象だ。家族は国家、政府、教会等すべての醜悪なものの構成単位だ。

家族は私たちのあらゆる神経症の根本原因だ。だから家族の心理学的構造、それが人間意識に何をなしているのかを理解しなければならない。

まず第一に、家族は子供を一定の宗教理念、政治原則、何らかの哲学や論理体系に条件づける。子供は完全に家族に依存しており、まったく無力なので、家族がどんな馬鹿なことを押しつけても、素直に従わなければならない。

あらゆる子供は生まれながらのブッダであるが、家族は子供が探究することを助けようとしない。代わりに何かを信じさせるが、信じることは有害だ。自分で探究できるようになる頃には、彼は完全に条件付けられていて、何を調べる時にも一定の先入観を持ち込むようになる。世界にこれほど僅かの覚者しかいないのもそのためだ。その根本原因は家族にある。家族が彼を平凡人にしてしまうのだ。

これに対し和尚はコミューン（実存共同体）を教える。コミューンでは、子供たちは幼い頃から自分の個性を持つようになり、自分自身で行動するようになる。ここでは子供たちは多くの育ての母、育ての父に出会う。それが後に彼に広い視野を、自由を、多面性を与える。彼はもっと人の本質に関心を持ち、性格にはあまり興味を抱かない。両親が互いを所有しあおうとはしなかったら、所有欲に駆られる必要などない。

第五章　組織宗教より神秘家が神を蓄えている

神秘主義の系譜

和尚は宗教家にあって、旧来の信仰という状況は信じない。宗教とは「知ること」にあって初めて成り立つもので、信仰はそれを封じてしまう。人は信仰にあって、創造という偉大な智慧を忘れてしまう。そもそも信仰家において、信はないのが一般だ。そういった理解にありながら、彼は二〇世紀の神秘思想家たちの系譜にある。

二〇世紀にはさまざまな優れた神秘家が現れた。オルダス・ハクスレー、アラン・ワッツ、トーマス・メルトン、ティヤール・ド・シャルダン、クリシュナムルティ、グルジェフ、パク・スブー、メハー・ババ、ラマナ・マハリシ、チョギャム・トゥルンパ、マルティン・ブーバー、ダイアン・フォーチュン、ルドルフ・シュタイナー、カスタネダ、マザー・テレサ等々、これらの偉大なる神秘家の一人なのだ。

神秘家が登場するについては、それなりの必然性があった。そもそも霊的な知識が存在するには難しいことがたくさんある。まず第一の困難は、それが的確には表現されないものであるということだ。

だから例え誰かが知るに至っても、それを正確に表現することはできない。霊的な知識の本性自体が、あなたが表現しようとするやいなや表現しえないと感じてしまうものだ。それゆえに、それを伝達するために秘教グループが必要になる。

エソテリック（秘教）グループとは、特定の知識のシステムを受け取るために、特殊な訓練を受けたグループのことだ。数千年を経て、ようやくブッダのような人が誕生する。ブッダフッド（場）という現象が稀なため、ブッダのような人が現れても、彼が直接意思を伝えることは難しい。それゆえに内輪の秘教グループが訓練される。この訓練はこのグループがブッダと世界をつなぐ媒体の役目を演じられるようにするためのものだ。それからブッダを世界に通訳する。ブッダと世界の間には巨大なギャップがあるのだ。

ここでイエスに言及することは意味がある。イエスが受難に会ったのは、自分の身の回りに秘教グループが存在しなかったからだ。それに対して仏教の保護者であったインドのアショカ王は、今もなお存在している九人の秘教グループをつくった。このグループはたくさんの鍵や手法を携えて、働き続けている。ブラバッキー夫人らの神智学協会もこの影響を受けたものであるが、クリシュナムルティの解散宣言によって費《つい》えた。

偶然に起こることなど何もない。すべての背後には因果の連鎖がある。至高の知識は学校教育では保存できない。それはただ生きた人間を通してのみ保存することができる。秘教グループはまさにそのためにある。しかもこのグループにはもう一つ別の役割がある。それはある惑星の知識を別の惑星の知識と結びつけることだ。

秘教グループの鍵にはあなた方という錠が常に変化するために、時代に応じて鍵を変えていく科学が必要とされる。しかし顕教（組織）的伝統は、いつも錠に一切注意を払うことなく、鍵を持ち歩いている。顕教的伝統はヴァチカンのように、古い鍵について語り続ける。いつも錠を非難して鍵を崇めている。秘教グループは決して錠を非難しない。

それゆえに何かを見いだしている師が――真正の師がいる時には、必ず二つの流れが派生する。一つの流れは顕教的伝統を形成する。それは目に見える教会であり、法王やシャンカラチャリヤ（大聖）がいる正当派だ。正統派は常に同じ鍵を主張する。だが真正な師はみな内輪のサークルをもつくり出す。この内輪のサークルは必ず外側のサークルと対立していく。というのも内側の者たちは自分の力によって、師が授けてくれた鍵を変えていこうとしているからだ。イスラムの神秘家スーフィたちはそのために殺害された。

禅仏教も、この秘教的なボーディダルマの法脈の回りに形成された顕教的流派に過ぎない。今日、鈴木大拙や他の者たちが世界中で語っていることは、すべて、その顕教的知識からきているものであり、秘教的知識からのものではない。現在、その秘教のルートは、再び隠されている。その流れはそこにあり、続いている。

しかし理解されなければならないことが一つある。それはこれらの古い鍵は、どれも限られた地域で発展したものだということだ。イエスの鍵は、特殊なユダヤ教徒のグループが使うように合わせてあった。これはまさに歴史の皮肉だ。今日、私たちは地域の限界をともなわない、普遍世界に住んでいる。和尚はそういった地域的特殊な鍵には興味がない。和尚の関心は、今日の実状に応じた新しい手法、新しい鍵を考案することにある。

永遠性の哲学の確認

そこで改めて神秘主義であるが、そもそも神秘主義とは何を意味するのか？　それをフランスの神秘主義学者であるアンリ・セルーヤ（『神秘主義』）が解説している。それによると、その原義はミステール（密儀）と秘密の祭礼とに関係のあるギリシャ語の「奥義に通じさせる」という言葉に由来する。今日では広義には、理性を超越しているように思われる何か崇高なものを漠然と暗示している。

思想家たちにとっては、その中に「直接的」「直観的」な接触の感覚、自己と自己よりはるかに偉大な、世界の魂と呼ばれるもの、すなわち絶対者との結合が現れる内面的な状態が神秘主義だ。換言すれば、それは人間精神と実在の根源との内密な、直接的な結合、すなわち神性の直接的な把握なのだ。

一般的な様相から見て、神秘主義の明白な特徴となるもの、それは状態であり、そしてこの状態は、それを体験することによって初めて意味を持つものだ。この体験は意識の一形態にほかならない。神秘主義は神を証明するのではなくて、神を体験する、実存を証拠立てるのではなく、神の中に実存を感得するのが普通だ。

われわれは神秘体験は、即座には現象と同化しないものだということができる。神秘主義が求めるのは「直感と概念と一般にあらゆる認識が到達し得ないものを直接的に感得すること」であり、その結果神秘主義は「認識さえも超越してしまう」のだ。ドラクロワは神秘主義は、「その体験の中で、永遠にして唯一の実在、全実存の根源と合一している。すなわちそこには、自らを世界の中核であり、全実存の源泉であり、一切がそこに帰着する中心であるとする熱狂がある」と語っている。

こうしたいかにも中立を装った神秘概念は、以前の精神病的、幻覚的、病理的概念とされていたような時代よりは理解が進んでいる。しかし現在の例えばＴＰ心理学によれば、さらに進んで、そうした現象の中には通常ではかりしれない正当性が含まれていると評価され直している。それを言うのはＴＰ心理学の理論家ケン・ウィルバー（『無境界』）で、彼は適正なる神秘主義に対しては最大の賛辞を送っている。

「（次の瞬間、燃えているのは自分の内側であることに気づいた）その直後、えもいわれぬ知的な光明を伴った極度の高揚感、歓喜の絶頂がやってきた。そして宇宙が死せる物質によって構成されているのではなく、一つの生ける〈存在〉であることを知った。単にそう考えたわけではない。私は自らの永遠の生命を自覚した。——さらに人類がすべて不死であることを知った。（あらゆる物事が互いの相互依存で働いていること、あらゆる世界の根本原理が、いわゆる愛であることを知った）

R・M・バック」

このような体験に対し、ウィルバーは「なんと素晴らしい自覚だろうか。こういった体験を早まって幻覚や精神異常の産物として片づけてしまうと、取り返しのきかない過ちを犯してしまうことになる」と語る。アメリカの心理学者ウイリアム・ジェームズは「われわれの日常の目覚めた意識は、意識の特殊な一タイプに過ぎない。日常意識の周辺には極めて薄いスクリーンに隔てられて、それとはまったく異なる意識形態が潜んでいる」としばしば語っていた。われわれの日常的自覚は、あまり意味のない一つの島（自覚の島）のようなものだ。それが時に、突如として大洪水に見舞われるのだ。

こういった驚くべき啓発的なもっとも素晴らしい面は、何の疑いの余地もなく自らが全宇宙、あらゆる世界と基本的に一つであると感じることだ。アイデンティティ感覚が心身という狭い範囲をはるかに超えて拡大し、全コスモスを抱擁するようになる。R・M・バックがこの意識状態を「宇宙意識」と名付けたのはまさにそのせいだ。

イスラム教徒はそれを「至高のアイデンティティ」と呼んでいる。この至高のアイデンティティの体験は、あまりにも広く行き渡っているために、それを説明せんとする教理とともに、「永遠の哲学」という名前を与えられている。

このタイプの経験ないし知識があらゆる大宗教――ヒンドゥー教、仏教、道教、キリスト教、イスラム教、ユダヤ教――の中心をなしていることを示す証拠はふんだんにある。つまり「あらゆる宗教の超越的一体性」とその太初《たいしょ》の真実には意義を差し挟む余地がないことを、「胸を張って語れるのだ」と記している。

現実に隠された神秘

神秘性は何も人間の間にだけ隠されているとは限らない。それは寺院や巡礼地や額に印を付けること、偶像崇拝、数珠の使用、呪文やまじない、経典、儀式や占星術、縁起の善し悪し――等すべてに隠されているものである。

例えば寺院だ。この世に寺院の類を建てなかった民族はいない。それがマスジドと呼ばれようと、教会やグルドゥワーラーなどと呼ばれていようともだ。古代、異なる民族の存在すら知られなかった時代もあった。つまり他の民族から学ぶすべはなかったわけだ。そういった時代の民族にも、寺院は存在している。その意味では、寺院の根は、人間の内なる意識の深いところに存在していると言わねばならない。

その機能はラジオに比せられよう。ラジオはどの電波でも、波長さえ合わせれば、音として聞き手に提供できる。それとまったく同じように、かつては寺院も受信機として働いていた。神性はいたるところに存在し、人間もあらゆるところに存在する。だが神と同調するのは、自分の中に特定の状況がある間だけだ。そこで寺院は、私たちが存在の中に神や神性を感じ、霊的に高揚できるよう、感受のセンターとしての役割を果たした。

インドの寺院のドームは、空のモデルに基づいていた。しかしドームは空と異なって、祈りの反響が祈る者に跳ね返ってくるように造られた。ドームが丸ければ丸いほど、音は返りやすくなり、こだまも比例して増える。時がたつにつれ、石もまた反響を増幅できることが発見された。アジャンタの石窟には、仏教徒の祈りの間がある。そこの石の反響音は、インドのタブラという楽器と同じくらい強いものだ。

それにしてもこうしたすべての背後にある目的は何だろう?　その目的とは、「オーム」を一心不乱に詠唱すると、寺院がその音を反響させ、反響音の円環をつくることだ。このような音の円環の体験は、至福に満ちている。音の円環がつくられ、すぐに思考が止まる。エネルギーの円環は男女間の性行為の集中の際にもつくられる。そのような円環がつくられる時こそ、人が超意識へと向かう瞬間なのだ。

寺院の入り口に大きな鐘や銅鑼《どら》を見かけるが、これも同じ目的を助けるものだ。「オーム」を詠唱する時、どこかに注意がそれていると、鐘の音がその波動によって、すぐに注意を音の円環へと引き戻してくれる。チベットの寺院には、さまざまな金属でつくられた椀状の鉢と、その内側で回す木製の棒がある。これで一叩きすると、鉢の中に生まれた振動は「オーム・マニ・パドメ・フム」という完全なるマントラ（真言）を生み出す。鉢はそれを一回だけでなく、七回響かせる。

「オーム」の詠唱で生み出される音には、独特な浄化の効果があることが次第にわかってきた。ある音には浄化の効果があり、ある音は汚れをもたらす。ある種の音は病気を制御する働きがあるが、病気を招く音もある。

西欧ではこうした音は電気の微細な形だと言われている。これに対しインドの賢者は、逆に電気は音の一形態であり、電気ではなく音が基本だという。このため彼らは、至高の存在をシャブダ・ブラフマ（神は音なり）と呼ぶ。つまり和尚の言うのは、寺院の構成が極めて科学的な根拠に基づいているということだ。

寺院にはその他内部だけではなく、外的な効用もある。寺院のそばを通りすぎるだけの人も恩恵を受けることができた。寺院の中の数百人の瞑想者は、特別な音の波動を生み出している。それによって寺院の雰囲気全体がエネルギーで満たされた。寺院は内側で振動するだけでなく外側も振動し、屋外に微妙な波を発散させている。寺院そのものが生きていたので、あたり一面が生き生きしていた。これが生きている寺院の意義だった。

他にもこれに類する多くの物が寺院の中で用いられ、内側で一つに繋がっていた。例えばギー（水牛の精製バター）を満たした土製のランプや、香を焚くこと、白檀のペーストや花やその他の香りを用いることなど。これはある神が特定の花を好むという問題でなくて、寺院のワンネス（調和）が問題だった。特定の香りを持つ花だけが、特定の音と調和を保ちながら用いられ、他の香りの花は禁じられていたものだ。

数千年の間、このようにしてインドの村はある種の神性さを保っていた。東洋の文化を滅ぼす最悪の行為は、この寺院のエネルギーに満ちた場を破壊することだ。

精神的な爆発、光明

神秘と言えば、和尚は自分の運命的になった日を思い出すと言う。それは一九五三年三月二十一日のことである。和尚は何世にもわたって働きかけてきたが（自分自身に働きかけ、苦闘し、何であれできることをやった）、しかし何も起こってはいなかった。

なぜ何も起こらなかったのか、今なら理解することができる。努力そのものが障害だったのだ。梯子そのものが邪魔をし、探そうとする欲求そのものが妨げになっていた。人は探究なしに到達できるものではない。しかし探究は必要だが、やがてその探究が落とされねばならない地点（リラックス）

がやって来て初めて実現する。

同年三月二十一日の直前、その七日前、和尚は自分自身に働きかけることを止めた。努力というものの虚しさをそっくり見抜く瞬間がやって来たからだ。もうこれ以上他に何ができるだろう。まったく無力感のうちに、すべての探究を落とした。

すると何も期待していないのに、それが起こり始めた。どこからともなく、新しいエネルギーが湧き起こってきた。それはどこの源から来ているものでもなかった。七日間、和尚はまったく無力の状態の中にあったが、同時に何かが起こりつつあったのだ。

そして最後の日には完全に新たなエネルギー、新たな光、新たな喜びの臨在ゆえに、それはほとんど耐えがたいほどになった。その日は一日中が奇妙で、圧倒的で、すべてのものを粉々に打ち砕くような経験だつた。夕方にはそれはほとんど耐えられないものになった。いつもより早く、およそ八時頃に眠りに着いた。和尚は眠りに落ちたが、それは実に奇妙な眠りだった。体は眠っているのだが、意識は目覚めていた。

十二時近くなった頃、突然、目が開いた。その時、和尚は自分のまわりに、部屋中に大いなる臨在を感じた。その部屋はごく狭いものだったが、和尚は自分のまわりの中に脈打つ生命、大いなるヴァイブレーション（波動）を感じた。それはほとんど台風であり、生命、喜び、エクスタシーの大いなる嵐だった。それがとてつもなくリアルだったので、あらゆるものが非現実的になった。非現実とは、初めてそこに現実があったからだ。

その夜、もう一つの現実がその扉を開け、さらに一つの次元が開かれた。突如、それがそこにあった。神でもいいし、真理でもいいし、ダンマ、タオ、どんな呼び方でもいい、とにかくそれがそこにあつた。部屋の外に出たい。息が詰まりそうだった。殺されそうだった。あと数秒もいれば、和尚は窒息していたかもしれない。

和尚は部屋を飛び出して、近くの公園へと歩いていった。歩くこともそれまでとまったく違って、まるで重力が消えたかのようだった。今や和尚は初めて独りではなかった。和尚は個ではなく、水滴となって海の中に溶け去った。今や海のすべてのものが和尚のものであり、和尚は海であった。限界というものがなかった。

やがて公園に着いた。公園は閉まっていた。すでに時間は遅く、夜中の一時だった。和尚は泥棒のように忍び込み、公園に入った途端に、あらゆるものが輝き始めた。それはあたり一面至るところにあった——祝福が、無上の喜びが。あたりを見回すと、一本の木がとてつもない輝きを放っていた。マウルシュリーの木だった。和尚はその木の方へ行き、木の下に座った。和尚がそこに座ると、物事が収まり始めた。

その状態でどれほどそこにいたのかを言うのは難しい。家に帰ったのが、朝の四時だったから、少なくとも三時間はそこにいたに違いない。だがそれは無限だった。そこに時間はなかった。この三時間がすべての永遠、終りなき永遠になった。

神秘主義とは生は論理ではなく詩であり、三段論法ではなく歌であるという体験だ。神秘主義は、生は三つのカテゴリーから成り立っているのだと言う。一つは知られたものであり、もう一つは未知なるものであり、もっとも重要なのは、第三の「知り得ないもの」なのだ。この「知り得ないもの」

は体験することはできるが、知ることはできない。神秘主義とは口がきけなくなってしまう真実に出くわしたということだ。

神という言葉でもそれを包括することはできない。ブッダが「神」という言葉を落としたのはそのためだ。それは「神」という言葉が含みうるものより大きい。「魂」という言葉ですらそれを含むことができない。だからブッダはその言葉も落とした。

神秘主義というのは、まさに宗教の魂だ。

宇宙全体を内包する

現代物理学においては粒子が「波動—粒子のパラドクス」として知られるようになった結果、すぐに、われわれには堅固でばらばらな物体から成り立っているかのように見える日常の世界が、実際は一つに繋がった出来事と関係性の複雑な織物であることが明らかになった。この新しい文脈では、意識は客観的な物質世界をただ受動的に映し出すものではない。リアリティそのものを創り出す積極的な役割を果たしている。

こうした原理に基づいて、TP心理学は確固とした土台を持ちえているのだが、この中でもことにケン・ウィルバーとともにTP心理学の二大巨頭とされている臨床家スタニスラフ・グラフの研究はこの原理に全面的にあやかっている。

グラフはもともとチェコ生まれの精神科医であったが、向精神物質LSD（幻覚剤）が登場した際には、この特効製に全面的に引かれ、これを用いての人間探究を試みてきた。しかしアメリカ移転後、ＬＳＤは法律的に禁止処置になるにおよび、彼は独自の早い呼吸を中心とするホロトロピック・プレスワークなるものを妻とともに開発し、ＬＳＤと同様な効果を発揮する方法において研究を続けている。

その結果の成果（『深層からの回帰』）たるや、初期に行った四千例のサイケデリック・セッションと、いろいろな国のさまざまな職業人を対象にした二万回以上の事例に及ぶものだ。その結果わかりえたことは、われわれ人間は先（全肯定）に言うように地球の系統発生を取り込んでいるどころか、全宇宙体験をも秘めているという事実である。

多くの人にとって一番身近なＴＰ体験は、もっとも親密な人々との関係の中で生じる。愛を交わしている時など、意識が完全に独立していることに突然気づく。二つに意識が溶け合って一つになり、相手との境界がなくなるのだ。二元的融合体験に密接に関係しているのが、他者との完全な同一化の体験だ。それがもっと進むと何百人、何百万人もの個人を含んだ単一の意識になる。このような幻視体験は古代文献にいくらもある。

集団意識の極端な形態は、人類全体への同一化だ。ある被験者は宇宙船に乗り、一時間半で地球を一周していると、自分のアイデンティティがその全体と結びつき始め、突然啓示が爆発して神秘体験となった。その時彼は自分を人類全体に同一化していた。

ＴＰな体験においては、巨大な爬虫類や鷲の飛翔とも同化できる。動物との同一化を体験してきた人は、人間にはまったく未知の衝動の、深い有機体レベルでの理解が得られると報告してきた。例えばマイマイ蛾が卵から蝶へと変態していく神秘体験だ。

あるベルギーの女性は海洋で鯨の出産体験を経験した。ずっと後にあるワークショップでその話をしたら、中に海洋生物学者がいて、その女性の体験がまったく正確であることを証明してくれ、グロフ自身驚かざるを得なかった。その他グロフは何百例となく、被験者のまったく未知の体験と現実の整合性の一致につきあっているのだ。

他の意識に入り込むわれわれの能力は、動物に留まらない。植物の意識や植物学的なプロセスを体験したと主張する人々もいる。その植物も細菌、プランクトン、きのこ、蘭、セコイアの樹まで、ひろい範囲にわたっている。

川や海の水、大地の土、地震、竜巻との同一化もある。さらにこうした同一化が進むと、ダイヤモンドや他の宝石、水晶、琥珀《こはく》、水銀、金やそれ以外の鉱物や金属を含むこともある。人によっては、ジェット機、宇宙船、レーザー光線、コンピュータといった現代テクノロジーとの同一化を報告する。まれではあるが、意識が宇宙全体を包含するまでに拡大することがある。このような体験をする人は、宇宙的統一体としての惑星にいたく感動させられる。ある被験者の信じるところでは、細胞、器官、生態系、そして地球や宇宙全体にさえ心的なプロセスが存在する。NASAの科学研究でも、地球がそれ自体一個の有機体だと結論した。

その他時間退行して自分が受胎した瞬間を体験したある者あり、何百年前の前世期体験する者ありさまざまであるが、これらの事実が物語ることは、この宇宙には、人間の想像力の範囲をはるかに超えて働いている原理が存在していることだ。確かにニュートン的な科学によって押しつけられている信条体験では説明できない、リアリティを持った現象が存在する。現在のわれわれの人生は、無限の過去と未来の一つの連続体なのだ。

第二部

瞑想による自己超越の世界を説く

第一章　東洋瞑想と西欧セラピーの統一

目覚めとは訓練、実践だ

タイの僧院で長年修行したアメリカ人仏教僧で、現在は心理学者で、仏教のヴィパサナ瞑想の指導者でもあるジャック・コーンフィールドはＴＰ心理学系の書（『個を超えるパラダイム』）で自らの体験に基づいてこう語っている。

目覚めているとは、どういう意味だろうか？　霊的な意味で目覚めるとは何を意味するのだろうか？　それは自分が考えている自分自身と世界に関する知識を超越しうることに気づくことだ。しかしそれは偶然には起こらない。目覚めは訓練、実践によって、また種々の霊的修行の結果として初めて起こるのだ。

そうすれば自分自身に対する限られた習慣的な見方を変えることが可能になり、自分がどこに向かっているのか、身近な人々にいかに執着しているかがわかってくる。

それに対し名言は何の助けにもならない。どんな素晴らしい言葉であっても。つまり第一に重要なのは、目覚めが可能であることに気づくことだ。第二にそれが単に理論上の観念ではなく、実行に移さなければならないことを認識する。第三は例え慈悲と愛と理解が目覚めたとしても、困難であることに変わりはないことを知ることだ。

世界については、それを観察し、感じ取り、一体化すること。身近のあらゆるエネルギー、全チャクラ（脊椎に沿ってある異次元への接点）のエネルギー、力、欲望、愛、知恵のエネルギーと一体化すること。学習というものは単なる机上の理論に留まらない。それは世界の苦しみという真実と、悲しみに直結していなければならないものだ。（ただし瞑想については、和尚は自分自身に合ったリラクゼイションの必要も説く。）

それから次第に瞑想で心が静まってくると、ギリシャ人が「自己を知れ」といった言葉が、ハッキリと自分の胸に訴えてくることがわかる。

ブッダに誰かがこう尋ねた。「真に悟った自由な人物とはどんな人でしょうか」。それに対してブッダは、「見たり、聞いたり、考えたことに関してまったく偏見のない人物、いかなる立場や見方にも与しない人物だ」と答えた。これが真実であるとか、これがわが道であると信じている限り、当然論争に陥ってしまう。だからわれわれは一定の立場を取ったり、特定のパラダイムにしがみついたりしないよう心掛けねばならない。

誰もが自分が知っていると考える。今晩何が起きるか、明日何が起こるかを知っていると思っている。ところが実のところわれわれは知らない。明日は死ぬかも知れない。しかしこの世界には知らないことが無数にあることは、実に神秘なことだ。

自分は無知であると体験すると、自分がここにいること、大洋がここにあること、光、音、匂いが存在することが、いかに素晴らしいことか分かってくる。そうした普遍性に触れ、味わいながらも、決して人間的側面を見失わないことこそ、霊的生活の開示にほかならない。往々にして西洋人は、霊的愛は軟弱だと考えがちだ。だがほんとうに愛が開発されれば、それはこの世界からの逃避ではなく、とてつもない力や能力になる。

東洋の伝統や新しい物理学が無数のパラダイムや展望を与えてくれたとしても、まずそれをどのように自分の人生で活かすことができるかを問いかけねばならない。これに対するわれわれの答えは、もっとも基本的な原則に帰る——第一は苦しみとその終息の問題。個人的、普遍的苦しみは、常に「私」「私が知っている」「私が欲しい」という執着によって起こされる。執着がへり、「私」が少なくなれば、それだけ苦しみも少なくなる。これを開発する伝統的な方法は、愛のある思考と行為を培うことだ。

さらに内面的な、瞑想のパラダイムの実践を通して、聖なるもの、精妙なる「空」や神秘に触れ、それを自分の人生へ取り入れることを学ぶ。

とにかく目覚めたいと思うなら、まず道を選ぶこと、それから自分を導いてくれる師を見つけることだ。ただしその言葉に耳を傾けるだけでは十分ではない。修行を実践し、それが炎のようにほんとうに自分の変容に繋がるまで、何度も何度も実践し続けることだ。自分自身が変容し、それを人生の中心に据えれば、他の一切が変わるのだ。そこからとてつもない歓喜、世界に手を差し延べ奉仕するとてつもない能力が生じてくる。

瞑想の意識的世界

和尚は自分の全著作について、〔体系的なものではなく、哲学的なものでもなく、ただひたすら人間変容ための科学と言えるものである〕と言明しているが、まったくその通りだ。和尚のすべての言明はかかって、その人間変容にあると言わねばならない。

和尚の講話はメモも見ずにその瞬間の時点での発想を語っている。〔自分自身が自分の話に聞き耳を立てているのだ〕と言う。それをカテキズム（教義書）に概括するのは、自らも答えている通りおよそ不可能、至難の技だ。しかし私は敢えてその全貌の概略を伝えるべく、この仕事を選んだ。その意味では、この第二部こそ和尚がもっとも目指した要点の部分に属していると言わねばならない。

まず人間変容のための瞑想に関しては、和尚は人間の心が引き受ける冒険、もっとも偉大な冒険だと言う。瞑想とは何もせずにただ在ること——無行為、無思考、無感情の状態だ。あなたはただ在るだけなのに、それはまったくの喜びとなる。

あなたがまったく何もしない時——肉体にも、精神的にも、どのレベルにおいても——すべての行為がやみ、あなたがただ単に在り、ビーイング（実存）そのものである時、瞑想の何たるかが分かる。あなたはそれを「する」ことはできない。あなたはそれを習練することはできない。あなたはそれを理解しなければならないだけだ。

ただ在るための時間が見つけられる時はいつでも、すべての行為を落としなさい。考えることも行為であり、集中することも行為、黙想することもまた行為だ。例えほんの一瞬でも何もせずに、ただ自分の中心に完全にくつろいでいられるなら、それが瞑想だ。そして一度そのコツを掴んだら、あなたは好きなだけ同じ状態に留まることができる。

一度あなたが、存在がかき乱されずに留まることのできる方法に気づいたら、徐々に、あなたは自分の存在がかき乱されないことに、油断なく覚めたまま、現実のものごとをやり始めることができる。それが瞑想の第二の部分だ。最初、いかにしてただ在るかを学び、それから自己の中心に座ったまま床を掃除したり、シャワーを浴びたりするのだ。そうすればやがてあなたはもっと複雑なことができるようになる。

こうした天恵としての瞑想の時間に含められる諸点について述べてみよう。

まず静寂である。静寂とは通常、否定的で、虚ろで、音や騒音などの不在だと理解される。この誤解が広くゆきわたっているのは、ごく少数の者しか静寂を体験したことがないからだ。だが静寂とは全面的に異なった現象だ。それは完全にポジティブ（肯定的）だ。それは実在的であり、虚ろではない。それはまったく静かであり、永遠に静かだ。

自己の「存在」の中心はサイクロンの中心だ。周囲で起こることは、そこまで影響しない。それはあなたの静寂ではない。あなたが静寂そのものだ。それは自分が所有するものではない。自分が所有されるのであり、そこがその素晴らしさだ。静寂があまりに深いがゆえに、そこには誰もいない。この静寂が、真理や愛やその他の祝福をもたらす。

突如として、何の理由もなく喜びを感じる。普段の生では、何か理由があって喜ぶ。自分の喜びが何かに起因しているなら、それは消える。それは一過性だ。しかしそれと次元の違う喜びがある。これが確実な瞑想のサインだ。

また、あなたは何の理由もなく不意に嬉しくなる。理由は示せない。なぜ私が嬉しいのか、私には答えられない。だがこの喜びは乱されない。明けても暮れてもそこにある。あなたは若者かもしれないし、老人かもしれない。だがそれは常にそこに存在する。永続する喜びを見つける時、その時あなたは確実にブッダフッドに近づきつつある。

独りであることは、あなたのハートに咲く蓮の花だ。独りであることはポジティブであり、健康的だ。それは自分自身であることの喜びであり、自分自身の空間を持つことの喜びだ。瞑想とは「独りであること」の中にある至福を意味する。内なる旅は完全な孤高へと向かう旅だ。誰一人連れていくことはできない。

神秘家たちが世界をマーヤ（幻想、幻影）と呼んできたのはそのためだ。世界が存在しないわけではない。だが、瞑想者、内側に入る者にとっては、世界がまるで存在しないかのようだ。「独りであること」の中からこそ、神の体験が得られる。

自己観照による超越

そもそも人間について理解されるべきもっとも重要な点の一つは、彼が眠っているということだ。グルジェフは人間の九十九％は昼間の働いている最中にも眠っていると言う。例え自分では目覚めていると思っていても、実際には目覚めていないのだ。

あなた方は夜に眠り、昼間にも眠る。誕生から死に至るまで、あなた方はその眠りのパターンを変え続けるが、一度もほんとうに目覚めることがない。肉眼を開けることが目覚めることなのだと、自分を騙してはいけない。内なる眼が開かない限り、自分自身を見ることができない限り、自分は目覚めているのだと考えてはならない。

あなた方は明けても暮れても、夢を見ている。ある時は眼を開けたまま夢を見、ある時は眼を閉じて夢を見ている。あなたは夢だ。あなたはいまだ現実ではない。もちろん夢の中でやることはすべて意味がない。何を計画し投影しても、それはあなたの夢の一部でしかないから、ありのままを見ることはできない。

それゆえにブッダは力説する。ゴータマ・ブッダだけではなく、あらゆるブッダ（覚者）たちが、ただこの一点を主張してきた。「目覚めよ！」と。その絶え間のない、何世紀にもわたる彼らの教えは、この一言に集約される。「目覚めよ！」そしてそのために彼らはさまざまな技法や策略を工夫してきた。彼らは人々が衝撃のあまり自覚せざるを得なくなるような、状況の流れや空間やエネルギーを創造してきた。

そして瞑想において目覚めた人間は、自己を超越する。超越は瞑想の正確な定義だ。その場合人は三つのものを超越しなければならない。その時第四のものが達成される。第四のものは私たちの本性だ。東洋ではその究極を「トゥーリヤ」「第四」と呼んできた。

まず私たちは、自分の肉体を超越しなければならない。それは私たちの一番外側の円周だ。私たちは肉体の中にいるが、肉体そのものではないことに気づかなければならない。しかし肉体は素晴らしいもので、肉体に深い愛情を持つ必要がある。過去の宗教は「苦行」と呼んで、それに敵対してきた。それはまったく愚かしい。超越する唯一の道は拷問ではなく、「気づき」（＝非慣習化、脱同一化）だ。拷問にかけるなど論外だ。

第二にあなたは心を超越しなければならない――それは思考のような、第二の同心円であり、肉体よりもあなたの本性に近い。肉体は粗雑であり、心は精妙であり、そして第三のものとなるともっとも精妙だ。それはあなたのハート――感情、感覚、気分の世界だ。だがその鍵になるのは同じものだ。

肉体はもっとも容易に観察できるから、肉体から始めなさい。肉体に気づくようになれば、自分の思考も見守ることができる。思考に気づくようになれば気分を見守ることもできるが、それらはもっとも精妙なものだ。自分の中心をとりまくこれら三つの同心円すべてに気づくようになれば、第四はひとりでに起こる。突然、あなたは自分が誰なのかがわかる。それを証明することはできないが、頭痛がすればわかるように、あなたはそれを知ることができる。第四のものに至った時、人は世間を放棄するのではなく、超越する。

瞑想による至福においては、あなたの生の中に何にも動じない中心が生まれる。そしてあなたの生は続く。すると実際のところ、あなたはより強烈になって続く。より一層の明晰さと、より一層の創造性を伴って。だが、あなたはただ丘の上の観照者として独り離れたところに立ち、自分のまわりで起こっているすべてのものごとを見守っている。あなたは行為者ではない。観照者だ。あなたが観照者になること、それが瞑想のすべてだ。

この瞑想は極めて単純なプロセスだ。必要なのは正しいボタンを押すことだけだ。聖典『ウパニシャッド』はそれを「目撃」と呼んでいる。それが正しいボタンだ。ただ自分の心のプロセスを目撃し、何一つなされる必要はない。ただ目撃者、観察者、見守る人になり、心の交通を眺めていなさい。思考が通り過ぎる、そして欲望、記憶、夢、幻想が通り過ぎる。それをただ超然として、冷静でひたすら眺めていなさい。

どのような裁きもなく、非難もせず、「これはいい」とか「これはよくない」と言う道徳的判断もなく、ただそれを見つめていなさい。すると流れ込んでくるすべてのサル（自我）は次から次へと瞬間的に消えてゆき、心の実態を知ることができる。

悟りとサマーディ

従って瞑想の本質的な核心、その極意は、どのように自己の内側を見守るかを学ぶことにある。カラスが鳴く——あなたが聞いている。これは客体と主体の二つだ。だが、あなたには両者を見ている観照者が見えないだろうか。カラス、聴く者、なおかつそこには、両者を見守っている誰かがいる。またあなたは木を見ている。あなたはいる。木はそこにある。だがもう一つ、自分が木を見ているのを見守っている観照者があなたの中にいるはずだ。この見守るということが瞑想だ。何を見守るかは問題ではない。

それでは私たちはこの瞑想を通してどこに至ろうとしているのであろうか？　それはむろん究極の「一」「絶対」の境地だ。宗教と科学との違いは、科学は二、三と続けられる分析であるのに対し、宗教では「一」のみであると言い、科学がすべてが相対的でありうるとされるのに対し、宗教は「絶対」がありうるとする。

それに至る要点としていわゆる「悟り」と「サマーディ（宇宙的一体性）」の相違を理解しておくことが役に立つだろう。

「悟る」とは何も得るものはないのだと気づくことだ。「悟る」とはすべての大欲、すべての野望、すべての目標から抜け出す（get rid of）ことだ。ものごとはすでに完璧な状態にあるのだと悟る日、あなたは達成している。「悟る」とは、もうどこにも行くところはないのだと理解することだ。その時人は瞬間から瞬間を生きる。これがサマーディだ。だがあなたは何度もそれを理解し、また見失ってしまう。だとしたら、それはミニ・サトリ（小悟）だ。小悟とはサマーディの一瞥のことだ。

小悟は悟りに対して慎重に使われる言葉だ。つまりあなたはそれを見失ってしまうかもしれないということだ。悟りとは確立された、決して失われることのない体験だ。それに対し、小悟とはほんのきまぐれのそよ風のようにやってくる体験だ。

だから和尚は誰かにそれが起こった時には、失ってしまわないように、そしてごくごく敏感で注意深くあって欲しいから、いっそのこと悟りは単にサマーディの一瞥に過ぎないのだと説明する。小悟はあなた次第だ。それに栄養を与え、育み、護り、世話をするなら、悟りへと成長する。だがそれは実に柔らかく、もろく、痛みやすい新芽なのだ。

ではサマーディとは何だろう？　悟りは、あなたの内側には光が満ちるようになったのだが、いまだにあなたと全体との間には分離があるということだ。悟りとは一人の人が光明を得ることだ。サマーディとは、その人を通じて全存在が光明を得るということだ。もはやその人は分離していない。それがブッダの「私が光明を得た日に、全存在が光明を得た」という極めて奇妙な言明の意味だ。

サマーディとは、あなたはもはや「個」ではないということだ。悟りはあなたに大いなる個性を与える。(悟る前には、あなたは複数の仮面を被った人物ではあっても、個ではなかった）それが「個性individuality」の原義である「分割しえぬもの」、つまり「個」となる。従って悟りはあなたを「個」にし、サマーディはあなたをユニヴァーサル（宇宙的）にする。そうなったらあなたは再び個でさえなくなる。それゆえそこには三つの段階がある。人格、個性、普遍性の段階だ。

繰り返せば、多から一つになり、そして一つからさらにゼロ（無）になる。これがスピリチュアリティ（霊精神性）の数学のすべてだ。

その超越過程が同時に瞑想の過程だ。その瞑想は、禅と同様、日常座臥《ざが》すべての箇所、二十四時間、いずこにも存在する。道を覚めて歩けば、歩くことは瞑想になりうる。もし油断なく覚めて座れば、座ることは瞑想になりうる。怒りたい時には全面的に怒りなさい。ただしその瞬間怒っている自身に「気づく」こと。そうすれば次第に怒りから逃れる。

肉体、思考、気分。これら三つのすべてが一つのアウエアネス（自覚）である時、それらはオーケストラになっている。その時第四のものが起こる。

それは自分ではなく、全体からの贈り物である。第四のものとは、人を覚醒させる究極の「気づき」、人は「気づき」に対して気づくようになる。その覚醒の中でのみ、人は至福の何たるかを知る。その時初めて、観照者自身が観照されるものとなり、観察者自身が観察されるものとなる。これで家に辿り着くことができた。

東洋瞑想と変成意識

ただし瞑想研究については東西二つの陣営があり、すれ違いや方向反対もある。

それを言うのは日本のＴＰ心理学者安藤治（『瞑想の精神医学』）であって、彼によると、東洋伝統的瞑想に対し、西欧瞑想研究の成果の中でのもっとも大きな成果は、これまでの価値論的な表現に対し、無価値的な「変成意識」の概念が、学問的なフィールドの中に持ち込まれるようになったことだ。チャールズ・タートによって新たに学問用語として確立された変成意識状態の概念は、研究に大きな進歩をきっかけを与えた。

しかもそれは決してただ瞑想研究にとって有用というだけに留まるものではなかった。この概念の登場は心理学、精神医学だけでなく、その関連領域にいる多くの研究者たちの目を、新たに「意識」そのものの対象に目を向けさせることになった。

従来の客観的な物理対象の観察や測定を重視する「科学的」研究においては、主観的とされるような対象は、どうしてもないがしろにされがちだった。それより研究方法論がなかったのだ。それゆえ心理学という学問においてさえも、その主流を占める（外部）行動主義的アプローチに見られるように、まったく「意識」という言葉が抜け落ちてしまい、それを対象にしようとする視点さえも完全に隅に追いやられてきた。

瞑想研究とは、人間意識を変容させる方法の研究だ。瞑想がそうであるように、そうした種々の実践法は、言うまでもなくこれまでは宗教という領域に属してきた。そもそも科学的とされる学問分野が、瞑想研究についての観点を持つことができなかったのも、意識変容の実践法が、宗教の領域に含まれているという事実があったからであろう。

ところが西洋における現代の瞑想研究は、瞑想とそれにつきまとう宗教的な信仰的要素をまず切り離すところから出発している。このような観点は、極めて現代的なものと言える。そしてこのアプローチは、それによって、今度は逆に瞑想研究の視点から宗教を改めて見直す動きをも生み出すようになってきている。

それはこれまで宗教と一言でくくられてきたものを、公教的側面と秘教的側面に分けて捉えようとするものだ。公教的側面とは宗教の持つ戒律や信仰、またそれらに基づいて組織される教団の教義的要素を指す。こうした要素がいかに宗教の硬直化・形骸化を招きやすいものであるかは、さまざまな教団の歴史を見れば明らかであろう。

一方その秘教的側面とは、個人の宗教的実践による直接的体験を重視するものであり、これは従来神秘主義という名で呼ばれてきたものだ。秘教と呼ばれてきたのは、そうした体験は実践を行わない者には決して知られることがないという意味で、実践者以外の人々には隠されたものとしてあるからだ。事実、その通り誰にもわかるものではない。

瞑想研究は当然、この秘教的、神秘主義的要素を、公教的側面から切り離して見ようとする。そうすることによって、瞑想の研究は実践という角度から人間にとっての宗教、あるいは人間の体験としての宗教というものを捉えようとする新たな試みを生みだしているように思われる。実際、瞑想研究の新たな方向としてそのような面が現れてきている。

ただし瞑想研究においては、これまで、西洋科学の一分野としての資格の確立に努めてくる中で、宗教の公教的側面を意識的に切り離さざるを得なかった。それは止むを得ないことであったが、宗教というものを成り立たせている重要な背景（コンテクスト）を抜いて、内容（コンテント）だけを取り出して対象とするアプローチには、利点とともに欠点もあることを忘れてはならないだろう。

世界中の宗教についての知識を個人が手にできるようになったのは、まだほんの百五十年ほど前のことに過ぎない。瞑想の精神医学的・心理学的研究アプローチは開始されてからまだ三十年ほどしか経っていないのだ。瞑想研究から生み出されつつある宗教への新しいアプローチは、現代だからこそ可能だったと言えるような新しい成果を必ずやもたらしてほしいものだ。むろんその場合ＴＰ心理学研究が中心になろう……？

ただしその際有効な提言となるのは、やはり和尚の言葉だ。和尚は現代の心理学を一括してフロイトに始まるマインドの心理学として総括する。（反面、チャクラだのクンダリーニ等と呼ばれる東洋伝統瞑想の科学化も訴える）この観点でマインド心理学からブッダの心理学への移行を訴えている。この言葉は本来人間変容の手段としての宗教のあり方としては、当然の要求であり、真実求められるのはブッダ心理学なのだ。

第二章　さまざまな科学的技法は役に立つ

観照と内省の違い

瞑想については、和尚と同じくクリシュナムルティ（『自我の終焉』）も大変重視していて、特に観照（邦訳では「凝視」とある）は彼の思索の原点としてある。

彼のすべての人間の諸思考、感情、社会性については、観照をもって講話が進められるのだ。とすれば、この観照なる概念が大変大事であるが、説明するに当たってまず観照の内容と、同意義風で、まぎらわしい内省との違いについて触れている点は注目される。また観照の中で意識している者は誰であるかも明らかにしている。

まず初めに内省であるが、内省というのは自分の心の内部を見たり、自分自身を考察するという意味だ。なぜ私たちは自分を考察するのだろうか。それは自分を改善したり、変えたり、修正するためだ。あなたは何かになるために内省するのだ。明らかにそれが内省の理由だ。例えば短気であれば、それを取り除くために内省するのだ。

そしてこの内省があるところには、必ず目的がある。その目的が達成されないと憂鬱や失望が生じる。そのため内省と失望は表裏一体だ。従って内省には常に失望の波が渦巻いている。あなたはその憂鬱さを払うために、あなた自身を繰り返し考察しなければならない。内省の過程には開放がない。なぜならそれは「あるがままのもの」をそうでないものに変える過程だからだ。そこには常に二元の対立があり、欲求不満が生まれる。

観照はそれとはまったく異なったものだ。観照は非難を伴わない観察だ。観照は理解をもたらす。なぜかというと、観照の中には非難や（感情や思考との）同一化というものがなく、無言の観察があるだけだからだ。もし何かを理解したかったら、ただ黙って観察するだけだ。そこには目的がなく、現実に起こっているすべてのものに対する凝視があるだけだ。非難や同一化や正当化があると、そこで観察は終わってしまう。

そこで内省は自己改善で、自己本位。観照は自己改善ではない。その反対に、それは自我、すなわち「私」を終息させるものだ。従ってこの二つの間には天地の開きがある。

自分を改善したい者は決して観照できない。なぜなら改善は非難や結果の達成を意味しているからだ。それに対し観照の中には、非難も否定も容認も伴わない観察がある。その観照は外部の物や自然を見つめることから始まる。次に観念に対する観照。それはすべてのもの――あらゆる思考、感情、行為を絶え間なく観察することのみだ。

観照は批判的なものではないので、蓄積がない。また練習も習慣もない。観照の対象は一瞬一瞬働いているものだからだ。あなたが関心を持っている対象には、非難も同一化もせずに接している。それゆえに両者の間には完全な共感が存在するから、対象の現実は日常とは異なった生き生きした美しさを見せてくれる。

　このように観照と内省には大変な違いがある。内省は欲求不満や、一層深刻で、より大きな闘争につながる。それに対し観照は心からの開放の過程だ。他者の全体を知りたいと思っている時、こちらはすべての思考、感情、気分、またそれらの抑制から自分を開いておく必要がある。そして観照が広がるにつれて、それだけ一層自由になっていく。それゆえ観照は自由を意味するものであり、自由を生み出すものだ。

　またこの際に意識しているものは誰かであるが、普通の体験においては、経験している瞬間は意識している者もなく、対象もない。ただ経験しているだけだ。何事も要求せず、目的も結果も一切求めない人だけが、絶えず「経験している」状態にある。この状態の中ではすべてが動きと意味を持つ。そこには古いものは何もなく、型にはめられたり、反復するようなものもない。なぜなら、あるがままのものは決して古くならないからだ。

　挑戦は常に新しい。古いものはその挑戦に対する反応だけなのだ。その古いものが経験の直後に、記憶とか観察する人という滓《かす》を後に残す。この観察する人が、観察されるもの、挑戦、経験などを自分自身から分離させる。こうして経験する人と経験されるものの間の分離が永続化され、現実の事柄を記憶しようとするのだ。

　もしその時、あなたがその感情を何の非難もなく、黙って見つめている（観照している）だけなら、あなたが経験している感情の中には、観察する人も観察されるものも存在しないことに気づくだろう。なぜかというと、観察する人と観察されるものは一つの統一した現象であり、あなたはそれゆえただ

「経験している」だけだからだ。

脱自己同一化の法

「Who am I?」私とはだれか。これが瞑想による覚醒の最大問題であるが、言葉で言えば、それは自己の純粋意識となる。この純粋意識を求めて観照（＝気づき、目撃者、非習慣化）による瞑想が行われるわけであるが、このような観照一本槍の方法に対して、今ではもっと仔細に方法化されたセラピーが開発されている。

それはイタリアのＴＰ心理学者ロベルト・アサジョーリによる『サイコセンシス』と呼ばれる手法で、その中ではアサジョーリはいくつもの意識開発法を試みているが、今では学者の間で定番となっている技法に「脱同一化」の方法がある。

脱同一化とは反対に、目的意識をもって、対象と同一化することは必ずしも悪い意味ばかりではない。純粋な意味でのセルフ・アウェアネス（自己への気づき）という内的体験は、パーソナリティ・レベルでのエゴの機能や内容とは、まったく別のセルフ体験だ。しかしたいていの同一化体験とは、より低次元での体験に固執することであって、自由なる自己はこの次元から抜け出ていく必要がある。

そのための最初のステップとして、まず身近な肉体から始めるのであって、「私は身体を持っていますす。しかし私は私の身体ではありません」という事実に確信をもって気づくことだ。身体とは物質的なものであり、変化しつつある。にもかかわらず私たちは自分自身を常に自分の身体と同一視してしまい、肉体的な感覚を「私」に帰属してしまうという誤りを犯している。「私は疲れている」というのは意味のない言葉なのだ。

第二のステップは、「私は情動的生活を持っています。しかし私は自分の情動や感情ではありません」という自覚に達する段階だ。これでいくと「私はいらだっています」という表現は、心理学的な文法原理に反していることになる。代わりに「私のうちには、いらだちの状態が存在しています」といえばよいのだ。

第三のステップは、「私は知性を持っています。しかし私は知性ではありません」という自覚に達することだ。普通、私たちは自分の考えと自分自信とを同一視しているが、自分の思考を分析したりする時に、知性は一種の道具としての役割を果たしているのに気づく。知性の働きを見て、その様子をいわば上の方から観察することができる。このことが私たちは自分の思考そのものではないことを示唆している。

これらの事実を合わせると、身体、感情、知性は、私たちが体験、知覚、行動などの活動を行うための道具と言える。「私」とは単純で、不変、かつ恒常的で自己意識のある存在だ。この「私」を体験するために、第四ステップとして、「私自身すなわち〈私〉を脱同一化した後に感覚、感情、思考など意識の内容から、私は純粋な自己意識の中心であることを認識し、確信します。私はすべての心理過程と私の肉体を観察し、方向づけ、活用できる意思の中心なのだ」と自覚できれば、真に「私自身」になれるのだ。

その際以下に示すような内的対話、類似した内容の対話が行われるようになる。

「それなら私は一体何者なのでしょうか？　私自身を、私の肉体、感覚、感情、欲望、知性、行動から脱同一化した後残るものは何でしょうか？　それは私の本質――純粋な自己意識の中心です。それは私の固体としての生において絶えず変化する中で、永久不変の要素なのです。それは私に存在、永遠、内的バランスの感じを与えてくれるものです。この中心は静的な自己意識を持っているだけでなく、力動的なパワーを持っています。私は気づきとパワーの中心なのです」

この自己同一、脱自己同一の技法は教育的にもパーソナリティの統合のためにも非常に役立つ技法だ。日常の心理的、スピリチュアルな意味での衛生の点からも有用なものだ。事実、この技法を上手に使いこなした人々は、自由になったという感じを得られたこと、自分の存在が高揚される感じ、またこれまでは完全に同一化してしまっていた自分の心理のいろいろな要素を、ごく自然にコントロールできるようになったと語っている。

和尚自身の講話においても、この「脱自己同一」の用語は現れるし、超越から地上への下降における生活の活躍のあり方にも（和尚はそれを聖典から学んだとしているが）、この技法とまったく同じ発想（舞台の演技者）が使用されている。しかし和尚はさらに独自に己の瞑想の開発に務め、次のように講話を続けている。

自己の発散から始める

瞑想に当たっては、師とともに在るなら、さまざまな科学的な技法を知っているなら、多くの時間、機会、エネルギーを無駄にしなくてすむ。そして幾生かけても得られぬほどの成長が、数秒のうちにできることもある。自分にふさわしい技法が用いられるなら、成長は爆発的だ。これらの技法は、何千年にもわたる実験の中で用いられてきた。

あらゆる技法は役に立つが、それらは瞑想そのものではなく、暗闇の手さぐりに過ぎない。ある日突然何かをしている時、あなたは目撃者、観照者になる。ダイナミックやクンダリーニやワーリング（旋回）の瞑想をしている時、瞑想は続いているが、突然あなたはそれを自分だとは思い込まなくなる。背後で静かに見守っている。それが瞑想だ。

しかし初めのうちだけ、それは努力のように見える。だが成功したら努力は消え失せ、事の全体は自然発生的で無努力になる。うまくいけば、それは行為ではなくなる。方法自体は単純だ。神的な実在を達成するのに、こんな単純な方法が使いものになるのかという疑問が湧くかもしれない。しかし自我は必ず難しいことに満足を感じる。

技法についてはかってに自分でいじってはいけないし、絶対に二つを混ぜ合わせてはいけない。実際、自分にふさわしい方法を試みたら、それはすぐにピンとくる。心は遊んでいる時の方が開いている。深刻な時には閉じている。だからただ遊びなさい。奇跡は可能だ。一つだけ必要なのは、その技法が自分に向いているものということだ。

いつも瞑想できるような特定のスペースを得たら、自分の身体を忘れるような姿勢でいなさい。和尚は禅の師匠のように、ただ座ることから始めよとは決して言わない。座ることから始めれば、内側で多くの妨害を感じる。座ろうとすればするほど、却ってその妨害は募ってくる。気違いじみたマインド以外にはまったく何も見えなくなる。そのゆえに和尚は「座る姿勢」からではなくあなたの「狂気」から始める。

和尚は狂気を承認する。もし狂ったように踊れば、内側では反対のことが起こる。狂ったように目茶苦茶に踊ること、泣くこと、混沌とした呼吸をすることで、自分の内側にある沈黙に気づき始める。その上で周辺部の狂気とは対照的に、内側の静寂で微妙な地点、深い地点に気づき始める。あなたが抑圧しているものは、実のところ、抑圧ではなく放出されるべきものだ。だから和尚はカタルシス（発散浄化）から始める。

現代ではあらゆる養育、文明、教育は抑圧的だ。それを発散すること、それが最初でなければならない。さもなければ、呼吸法や座禅やヨーガの座法をしながら、あなたは何かを抑圧しているに過ぎない。そして実に奇妙なことが起こる。あらゆるものが投げ出されるにまかせていると、座禅が自然に起こる。アーサナ（座法）が自然に起こる。

この瞑想ははかりしれないほどあなたの助けになる。それは一時間で大いに人々をくつろがせるため、彼らは「頭から重荷が消えたようです。頭脳に何を抱え込んでいたか知りませんでした」と告白したりする。ただ瞑想の最中、他の人の邪魔をしないことと、破壊的でないことだけを覚えておく必要がある。

それから覚醒とは、意識はしているが焦点は合わせていない心を意味する。覚醒とは起こっていることすべてを意識すること。焦点を合わせた集中とは選択だ。それは集中の対象以外はすべてを退ける。それは狭めることだ。確かに街の通りを歩いていても、特定のものに集中は必須のものだ。心の集中というのは、生き延びるためにはなくてはならないものだ。実利的ではある。しかしそれ以外の大部分を占める残りは無意識になる。

なるほど、人生には実利的な生活は必要に違いない。だが、それは却って高いものにつく。あなたは実利集中で生の祝いを失ってしまう。もしあなたの潜在的可能性のすべてが花開いたなら、生は祭りとなり、祝いとなる。その時には人生は一つのセレモニーだ。和尚がいつも、宗教とは人生を祝いに変えることだと言うのはそのためだ。

実利的な心だけが心全体だと思わないこと。その残りのより大きな部分が、犠牲にされるようなことがあってはならない。あなたが自分の生に新しい次元を加えさえすれば、その否定された部分や無意識の部分はイキイキと創造的になることができる。その次元とはお祭り気分という次元だ。だから瞑想は仕事ではない。それは遊びだ。瞑想は何かのゴール（静寂、至福等）に到達しようとしてなされるものではない。

観察者が観察される

瞑想にあっては、急いではいけない。時には急げば急ぐほど遅れることになる。従って渇いている時は忍耐強く待つことだ。結果を期待してはいけない。自我は結果指向だ。マインドは必ず結果を求める。マインドは行為そのものにはまるで関心を示さない。しかし瞑想は結果指向でない人にしか起こらない。瞑想とは目的地を目指さないあり方だ。

そして気づいている時は「気づき」を楽しみ、気づいていない時は無自覚を楽しむことだ。何も間違いはない。気づいていないことは、休息のようなものだからだ。さもなければ、気づきは緊張になってしまう。山頂にいて完全に気づいている時もあれば、谷間にいて休息をとっている時もある。それは単純だ。気づいていないことを通して、気づきが再び新鮮で若くなる。そして継続する。もし両方楽しめれば、あなたは第三のものとなるだろう。ここが理解されるべき点だ。両方楽しめるなら、あなたはその両方を楽しむ者だ。その時、彼方から何かが入ってくる。これが真の「観照者」だ。

覚えておくべきもっとも基本的なことの一つは、内なる旅で出会うものは、どれも自分ではないということだ。

あなたは目撃するものだ。それは空かもしれないし、至福かもしれないし、静寂であるかもしれない。しかし体験がどれほど素晴らしく、魅力的であろうとも、それは自由ではないということだ。あなたはそれを体験している者だ。そしてさらに先へ進み続ければ、旅の究極には体験するものが何もないという地点がやってくる。静寂も至福も空も。対象は何もなく、そこには「主体」があるばかりだ。

エンライトメント（光明）を得るということは体験ではない。それは自分が絶対的に独りであり、知るべきものは何もないという状態だ。対象は、いかに素晴らしかろうと、存在しない。オブジェクト（対象）という言葉を思い起こさなければならない。あらゆる対象は妨害だ。対象は自分の外側、物質的世界にも、自分の内側、心理的な世界にもありうる。またハート、感覚、感情、情緒、気分の中にもありうるし、霊的世界の中にすらありうる。人はそれに感極まって、世界中の多くの神秘家がその「法悦」で立ち止まった。

　体験も対象もないという地点に達すると、障害物のない意識は円状に動く。それはあなたの本性と同じ本源からやってきて、一巡する。そしてそこに何の障害物もないことを見つけて、逆戻りする。主体そのものが対象となるのだ。

　これがクリシュナムルティが生涯言い続けてきたことだ。観察者が観察されるものとなる時、ようやく到達したのだと知りなさい。その過程には無数のことがある。その旅を楽しみなさい。旅の途中で出会う全風景を楽しみなさい。木々、山々、花、川、太陽。だが主体そのものが対象とならない限り立ち止まってはならない。観察者が観察される者であり、知る者が知られるものであり、見る者が見られるものである時、初めてわが家に辿り着いたのだ。この家こそ、幾生にもわたって捜し求めてきた真の寺院だ。

　観察者と観察されるものは、観照者の二つの側面だ。それらが互いの中に消え、互いの中に溶け込み、一つである時、初めて観照者がその全体像を表す。

　だが多くの人々が疑問を抱く。その理由は、彼らが観照者とは観察者のことだと考えるからだ。彼らの心では観察者と観照者とは同義語だ。だが観察者は観照者ではなく、その一部に過ぎない。観察者は「主観」を意味し、観察されるものは「客観」を意味する。観察者は観察されるものとは別の存在であり、内側のものだ。しかし内側と外側は別々ではありえない。それらは一つ、この統一体が体験される時、観照者が現れる。

　観照者は訓練できない。それなら何が必要か？　溶け込むことが必要だ。融合することが必要だ。

バラの花を見ている時には、見られている「対象」と見る者としての「主体」があることはすっかり忘れることだ。その瞬間の美しさに、双方を圧倒させなさい。そうすればバラと自分はもはや別々ではない。一つの歓喜となっている。

音楽を味わいながら、夕日を眺めながら、何度でもそれを起こらしめなさい。それは技ではなくコツだからだ。その勘どころを手に入れなければならない。一度ものにすれば、いつでもどこでもその引き金を引くことができる。観照が起こる時、そこには観照している人もおらず、観照されるものもない。

「第三の眼」を使う

和尚はさらに観察、観照を強調する時――、それには「第三の目」を機能させるのが最高の手段だと言う。というのも、観照は内側でなされるからだ。肉眼は外側を見ることしかできない。内側を見ようとするなら、確かに外側の目のような内側の目が必要で、その見る場所が象徴的に「第三の目」と呼ばれているのだ。

この第三の目を理解するについて、まず初めに触れておかねばならない二つの観点がある。その一つは第三の目のエネルギーは、普通の両目に働くエネルギーとまったく同じだということ。その同じエネルギーが、新しいセンターで働き始める。第三の目はそこにある。だが機能していない。普通の目が見えなくなって初めて、第三の目は見えるようになる。そのために必要なのは、エネルギーがそこに入ることだ。

　そのエネルギーは、両目に入らなければ第三の眼に入る。第三の目に入ると両目は見えなくなる。第三の目即ち「智慧の目」のセンターは両目の間にあって、すでに完全な姿で存在している。いつでも機能できる。だが機能するにはエネルギーがいる――同じエネネギーが方向を変えるわけだ。

　第二点は両目を通じて見ることは、肉体を通じて見ることだ。第三の目は本来肉体の一部ではなく、隠れている第二の身体の一部だ。第二の身体とは微妙な身体「スクシュマ・シャリル」だ。第三の目は肉体上に対応する点はあるけれども、肉体の一部ではない。だからこそ生理学は、第三の目やそれに類するものの存在を認めないのだ。

　あなたが死ぬ時、肉体は死ぬ。だがスクシュマ・シャリル、つまり微妙な身体は、あなたとともに働き、あらたな誕生を迎える。この微妙な身体が死なない限り、あなたは決して、誕生と死、再誕生と再死という円環から抜け出せない。その円環は続く。

　第三の目が機能して初めて、あなたは別の次元へと入ることができる。その時見えるものは、肉体的には見えず「微妙な目」に見えるようなものだ。第三の目が機能していると、人間を見た時、そこに見えるものは、相手の肉体ではなく、その魂、その霊性だ。第三の目が開くと、不意に光が閃き、不明瞭だったものごとが一瞬にして明瞭になる。

　第三の目が機能していれば、医師ですら推察しかできない、死にかけている人間をすぐに感じとる。どのように感じとるのか？　それは死が衝撃力を持つ。その衝撃力を第三の目によって感じとることができるのだ。第三の目を使う訓練を深く積み重ねてきた人は、子供が誕生した時に、その子がいつ死ぬかわかる。あと六ヵ月で死ぬという人がいたら、第三の目が機能してたいたら、六ヵ月前からその死がわかる。

第三の目によって人のオーラが見えるようになる。すると誰がやって来ようとも、もうあなたはだまされることがない。その人が何と言おうとも、本人のオーラと対応している限り、まったく意味がない。例えば「自分は決して怒らない人間だ」と言っても、赤いオーラが見えれば、怒りに満ちていることがわかる。オーラに関する限りだますことはできない。だから彼の言は嘘か本当か、オーラで判断できる。

かつてはそれによって入門が行われた。オーラがふさわしくなかったら師は待った。本人がどれほど望もうと、どうしようもなかった。オーラがふさわしくなるまで、弟子は何年でも待つのだった。時には何生もの間待たされもした。

チベットには第三の目に対する外科的手術さえあった。第三の目は塞がっていることがある。何千年もの間、使われなかったからだ。塞がっているのに両目を停止したら、きっと何か変な感じがするだろう。エネルギーはそこにあるのに動くべき通路がない。チベットでは、その通りをよくするための手術が考案されていた。

瞑想者は、常に安全に関して慎重でなければならない。安全性は、瞑想者にとって執着の最大の温床だ。ほんの一瞬でも安全を探すのなら――もし自分が、誰かから支えてもらっていて、保護ゆえに恐れるものはなく、迷うことはないと感じるようなら、もしどこへも行かずに、グル（導師）の翼の下にいつまでもいようとするなら――その人はもはや道を外している。探究者には安全はない。不安定であることが、探究者にとっての祝福だ。危険が大きければ大きいほど魂は広がり、大胆になり、勇者となる機会は、より大きくなる。助けを得ることと、依存したままであることはまったく別のことである。

第三章　# 和尚は天才的に有能な瞑想法の大家

旧来技法を現代に説く

和尚自身の次元の高い変容については、このインドという国の伝統もあって、小学生時分から数々の瞑想技法に触れてきた。その挙げ句についに二十一歳にして、『ウパニシャッド』に言う「梵我一如」のサマーディ（三昧）の光明を得たのだ。

従って和尚の瞑想技法の具体には、西欧のセラピストのごときは足元にも及ばない深い体験があって、その具体は十数冊の本にもなっている。従ってもっと詳しく知りたい方はそれらの本を読むことをお勧めするが、実践的な関心を抱く読者に一番ベストなのは、この国で主催されている数々のセッションに通って身を持って体験されることだ。それゆえに具体技法については、ここでは単にその梗概のみ記しておく。

「ワーリング瞑想」――イスラム神秘派のスーフィのワーリング（旋回舞踏）はもっとも古い技法の一つであり、しかももっとも強烈なものの一つだ。集団でのたった一度の体験でさえ、あなたをまったく変えてしまうほど深みのある瞑想だ。目を開けたまま、ぐるぐる回りなさい。ちょうど幼い子供がぐるぐる回り続けるように。あたかも内なる存在が中心で、全身が動く車輪、回転する「ろくろ」になったかのように。あなたは中心にいて、体全体は旋回している。ワーリングの三時間前からは、一切飲食物を摂らないようにする。ゆったりした衣服を身につけ、時計と反対回りの方向に回転する。

「ヴィパサナ」――ヴィパサナは、他のどれよりも多くの人々を光明に導いてきた瞑想だ。その方法には三通りあって、第一は自分の行為、肉体、思考、感情に気づいていることだ。歩く時には、気づきをもって歩く。手を動かす時には、充分に意識している。心についても同じ、どんな思考がスクリーンを通過しようと、ただ見守ること。第二の方法は呼吸だ。息が内に入ると腹がふくれ、外に出ると元に戻る。この腹に気づくことだ。第三の方法は息があなたの鼻孔から入ってゆく時、その入り口で気づいていることだ。鼻の先端で感じる、いわゆる複式呼吸の方法だ。

「夢への支配権」――この技法は三つの部分にわける。一は息の中にプラーナ（生命エネルギー）を感じられるようになること。これの容易なポイントは「第三の目」（両眼の間）を中心を定めることだ。この技法は自分が眠りに落ちつつある時に気づくことだ。あなたは不可視の息がハートに入るのを感じている。これが起これば、あなたは夢の中で気づいているだろう。夢に気づけるようになれば、それはつくり出すことも可能だ。あなたは夢のマスター（主人）となる。どんな夢も思いのままだ。だが夢の主人になることにどんな効能があるだろう。それは一度主人になれば、どんな夢もまったく見なくなる。

「私は在る、と感じなさい」――グルジェフは「自己想起」を基本的な技法として用いた。その自己想起はシヴァ（ヒンドゥー教の主神）の経文に由来している。即ち「何をしていようと、自分自身を覚えていて、自己想起しなさい」と言うもの。これは非常に難しい。とても簡単なようだが、あなたは忘れ続ける。たった三秒か四秒でさえ、自分を覚えていられない。「よし、今度は自分自身を覚えている」と思っただけで、すでに取り逃がしている。というのも、こういう考えは自己想起ではないからだ。自己想起には思考はない。「私は在る」という言葉を考えるのではなく、「私は在る」と感じなさい。

あなたは木立の中を歩いている。樹があり、そよ風が吹き、太陽が昇りつつある。これがあなたの回りの世界だ。この時ちょっと立ち止まって、不意に「自分が在る」ことを想起しなさい。言語化してはならない。ただ「自分が在る」と感じなさい。この感覚は例え一瞬といえども「実在」の一瞥をもたらす。一瞬、あなたは自己の本性という中心に投げ返される。あなたは鏡の背後にいて、反映の世界を超えて、実在的だ。

「オーム」――「オーム」とゆっくりと唱える。これは基本的なA―U―Mという三つの基本音がその中にある。そうしながら少しづつ音との同調を感じる。自分自身を音に同調させ、その音になるのだ。やがて内側で「オーム」を唱えなさい。すると全身が踊るように感じられる。全身が洗われるように――毛穴が洗われているように感じられる。それをさらにゆっくりさせなさい。音がより微妙になればなるほど、より強烈な「気づき」が必要になる。するとその内に音が「無音」に入り、あなたの覚醒は頂点に達する。

ダイナミック・メディテイション

和尚はこれらの伝統的瞑想法をそのまま用いたり、現代的にアレンジして使っている。しかし中には、和尚が現代的な生理学や心理学を応用して、自ら開発したオリジナルな技法も数少なくない。それらには著名なものだけでも「デヴァヴァニ」「祈り瞑想」「マンダラ」「クンダリーニ瞑想」「ナタラジ（踊る瞑想）」「グリシャンカール」「ナダブラーマ」「シヴァ・ネトラ（第三の目瞑想法）」「笑い瞑想」等々あるが、それらの中でももっとも代表的な瞑想法として、「ダイナミック・メディテイション」と呼ばれる技法がある。この瞑想法について少し詳述してみよう。

まずダイナミック瞑想で理解されねばならないのは、そもそも瞑想とはエネルギー現象だということだ。この「エネルギーは二極間を動く」。この二極間に存在する異なったタイプの静寂がある。それは一は死の、二は生の静寂だ。この生きた静寂を選ぶ人は、市場へも出かけるし、ヒマラヤにも行き、両極間にバランスを見いだす。だがバランスは直線的な努力では達成できない。こうした現状に神はその過程が直線的でなく、弁証法的だと暗示する。対極は否定されずに吸収されるべきだ。ダイナミック瞑想はこの原理を使っている。ダイナミックとは努力、そして瞑想とは静寂なのだ。

第一ステージ（十分間）速く、深く、激しい呼吸。第二ステージ（十分間）発散浄化の運動。第三ステージ（十分間）「フー、フー」のジャンプ。第四ステージ（十五分間）跳躍と突然の中止。第五ステージ（十五分間）祝祭のダンス。

この瞑想にあっては、まず無秩序な呼吸法から始まるが、それは呼吸が生命に深く根ざしたものであるからだ。
もし呼吸が変えられれば多くのことが変えられる。怒っている時には、怒っている時特有の呼吸のリズムがあるし、性的に興奮した時も呼吸は変わる。この無秩序な呼吸は、あなたの中の抑圧されたシステムに混沌を生みだすためのものだ。この呼吸は過去のパターンすべてを破壊するものだ。混沌がつくり出されない限り、抑圧された感情を開放できないからだ。一定のリズムを作らないで、深くて、速い呼吸は、より多くの酸素を供給し、人は動物のように生き生きしてくる。再び動物になるのだ。

第二ステージはカタルシス（発散浄化作用）だ。和尚は、「意識的に狂いなさい」と言う。何であれ、自らを表現することを許しなさい。悲鳴をあげたければ、悲鳴をあげなさい。泣くこと、踊ること、叫ぶこと、むせび泣くこと、笑うことを通じて、自分自身を表出する。いわゆる「ぶっとんでしまう」というやつだ。

この技法をやる時、最初のうち努力がいるかもしれない。ただの演技であるかもしれない。だがそれを気にはしてはならない。続けなさい。まもなくあなたはそういう多くの抑圧の根に触れる。一度それが開放されたら、あなたは重荷を降ろしたように感じる。

第三ステージはHoo（フー）という音声を使う。過去にもいろいろ多くの音声が使われてきた。スーフィたちは「フー」を使ってきた。「フー」「フウッ」と大声で叫べば、それは深くセックス・センター（性中枢）にまで届く。従ってこの音はまさに内側への一撃として使われる。あなたが空っぽで真空になった時、この音はあなたの内側に入ってゆくことができる。あなたが空っぽになって初めて可能になる。

第四ステージは凍結だ。ジャンプを続ける。しかしリーダーによって、突然「ストップ」がかけられる。「ストップ」を聞いたら完全に同じ形で止まる。何もしてはいけない。というのも、何をすることも方向を逸らすことになり、要点を逃がしてしまうからだ。何もしてはいけない。咳もしないように。すると内側の無思考だけが残る。

そしてエネルギーが一つの上向きの流れとなって動けるように、身体を死んだようにさせておきなさい。この中心に留まることは、最初の三段階があって初めて可能になる。この最初の三つの段階が、あなたをして瞬間に留まる用意を整えさせる。それが瞑想だ。最後のステージであなたが体験した深い至福を祝い、感謝を捧げて踊る。

この瞑想中には何をしている時も注意深く、意識し、気づいている。観照者、目撃者のままでいることだ。迷子になってはならない。呼吸と一体化するあまり、観照することを忘れてしまうかもしれない。が、それだとあなたは要点を取り逃がしてしまう。

セラピーの東西統合

先に東西瞑想法の統合について、若干触れたが、それを現場で直接施療の面で役立てようと触れているのは、チリ出身のＴＰ心理学者、精神科医クラウディオ・ナランホ（『個を超えるパラダイム』）だ。

彼によると瞑想とは多次元の領域であり、無数の形態を持つものだ。どのような精神的伝統であっても、少なくとも一つ、場合によっては複数の瞑想形態を含んでいる。しかしこのような多様な瞑想形態を分析するとすぐ気がつくのは、沈黙、呼吸への注意、観想法というような種類の要素が普遍的に存在していることだ。

瞑想に通じる一つの根本的次元は、「しないこと」と「解き放つこと」と言う両極からなっている。前者は心の安定、一般的な言い方をすれば、情緒の安定を通じて身体を弛緩させることからする、思考、内的対話、活動の抑制だ。

この次元のもう一方の極は、「解き放つこと」であり、ここではシャーマン的、予言者的トランスや道教とかにあるような、自我のないプロセスに自らを明け渡すことが強調される。前者では瞑想者は「万物流転に預かる絶対者」、すなわち宇宙創世の静かなる中心との一体化に向かい、後者では「コズミック・ダンス」への参加となるのだ。

この対象の二つの道は互いに相互矛盾するわけではなく、補完的な関係にある。この静止／開放という二極の次元の他にも、「心を行き渡らせること（念）」と「神意識」と呼ぶ両極がある。前者は体験の基本的要素に注意を向けること。後者は意識を超越的中心に向け直すこと。この二つの形態が、この世と彼岸の双方に住み、最終的に二つの道が収束するとも言える。また補完性ばかりか（静止／開放の次元の場合のように）一つの極からもう一方の極への運動、相互交流を語ることもできる。

これまで描写してきたことを図にしてみると、次のようになる。結局、東洋の瞑想が「しないこと」「無執着」「心を行き渡らせること」を組み合わせたものであるに対し、西洋のそれは「神意識」「解き放つこと」「愛」の組み合わせなのだ。

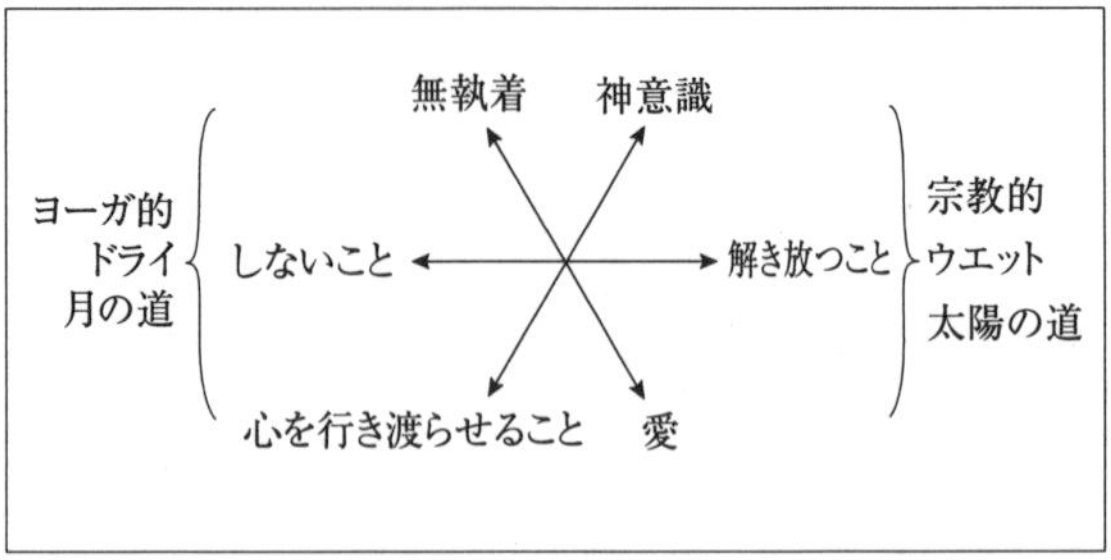

図1

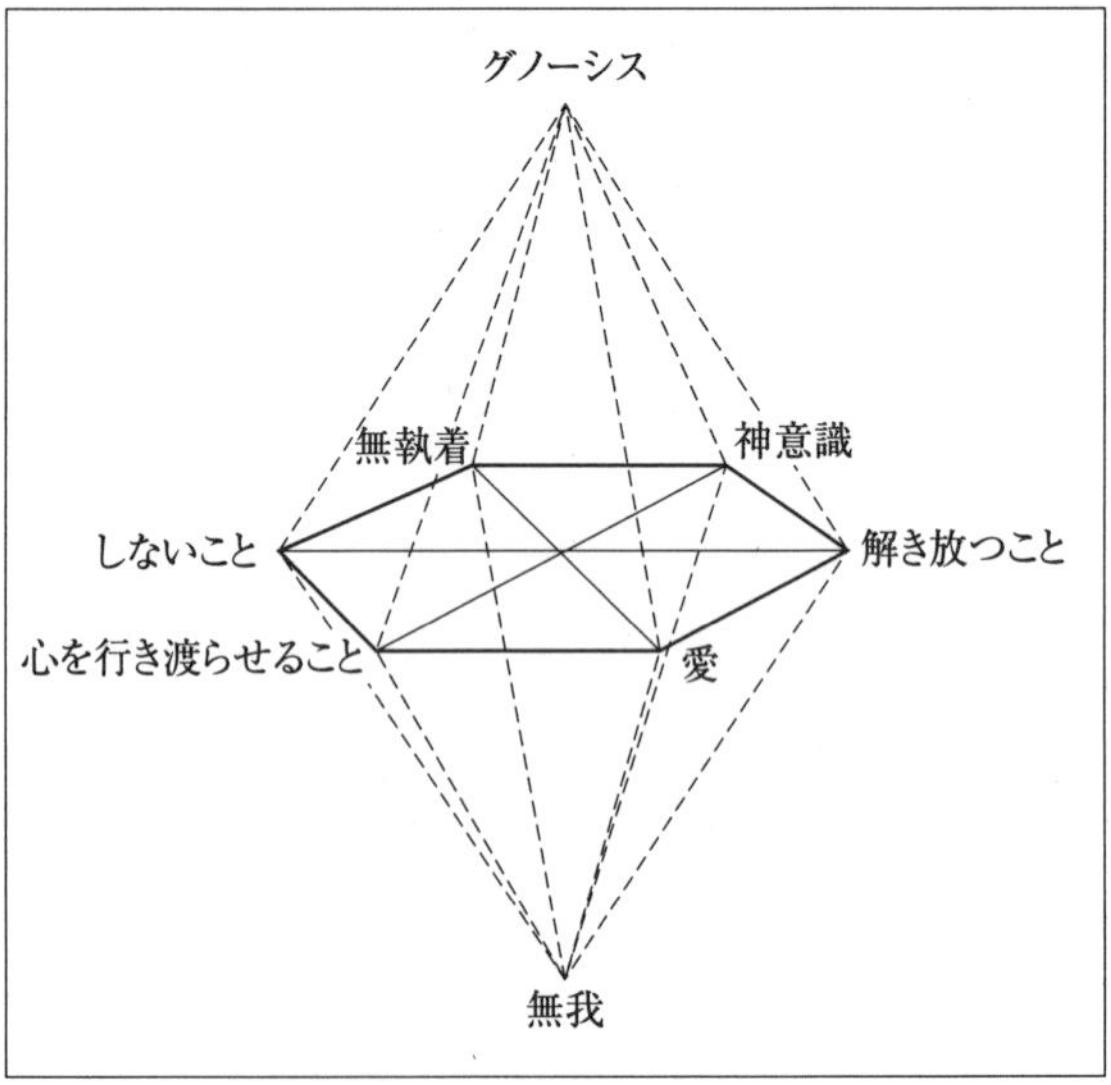

図2

出典：スタニスラフ・グロフ編『個を超えるパラダイム』(平川出版社)122頁

さてこれより瞑想のサイコセラピーへの応用へ話を進めると、まず関係性をテーマにした瞑想訓練の相手を選ぶ。一般的にサイコセラピーを補完する者として、瞑想をセラピーの実践に応用することは可能だ。例えば心の沈黙を、人との接触や聖なるものの想起に応用することもできる。他者の世界へのもっとも自然な足掛かりは「一対一」だ。そうした理由から、瞑想を沈黙の対人関係の場に応用することには強い魅力がある。

そこからまず数分間目を閉じる。肩を楽にして、腹に気を集中する。体のリラックスした状態を心にまで広げる。目を開けてもパートナーの顔を見ない。自分がつくり出した「内なる沈黙」が失われないように。それからパートナーの胸を見る。ごくゆっくりと、パートナーの顔のところまで視線を上げる。背景を見て人物を見ないようにする。

心の沈黙を続けて、同時にそこに人がいることを感じる。「もう一人」を溶かすことのないように、自分をできるだけ溶かす。相手の邪魔をしないように自分を引っ込めて、パトナーに焦点を合わせて自分を溶かしていくのだ。

これが原理で、次には、言葉を使ったコミュニケーションへの瞑想に移る。今度はまたパートナーを組み、瞑想を取り入れた心理的訓練の一つ、ゲシュタルト・セラピーの「自覚の連続体」を洗練したものだ。自覚の連続体の訓練は、常に体験を表現し続けることであって、体験について考えることではない。

「今とここ」を他人と分かち合うには誠実さが必要で、それが他人の前でもオープンな態度でいるためには勇気が必要だ。それではもう一度、パートナーと一緒になって、顔をリラックスさせる。相手の話が聞こえてきても、反応しない。自分の仕事は存在し、判断をくださないこと。ペアの話の内容は現在進行中の体験だ。十分したら交代する。

今度は、感覚や感情に引き続き注意を払いながら、感覚、感情、動作を観察し分かち合うという三つの流れを順守してください。瞑想体験に照らして練り直し、オープンな態度と自覚、注意力と有機体的内発性の組み合わせを強調すれば、とくに意義あるものとなるだろう。ついでに言えばこの技法は、和尚の言う「舞台の演技者」、「サイコシンセシス」の言う同一と脱同一化の技法に似通っていると思われる。

瞑想における障害

真の自己超越に必然的なものとして瞑想はあるが、その瞑想をしてゆく途上には幾つもの障害や妨害が置かれている。そのことに触れる。

その代表的なものを挙げると、まずエゴ（自我）がある。自我は人間に起こりうる最大の病だ。成功すれば、あなたの自我はますます肥大し、危険だ。自我が小さければ、人生の敗北者になって、自我は痛み、劣等感を生み出す。宇宙は一つであり、統合体だ。何一つ分かれていない。それなのにあなたはまず「自分」、それから「あなた」、その反映としてまた「私」を現す。「私」は所有性のもっとも微妙な、結晶化された状態だ。「私」という考えを落とした時に初めて、あなたは瞑想に入れる。

瞑想の道を妨げる次の障害は、絶え間なく喋り続けるマインドだ。あなたは一分間も黙って座れず、しゃべり続ける。それゆえ瞑想的な成長のためにまず第一に必要なことは、この絶え間ない言語化に気づき、それを止めることだ。

しかし執拗に言語化は続く。それならどうすればいいのか？　それは見守ることだ。止めようとしてはならない。マインドに対して何もする必要がない。そもそも誰がそれをやるのか？　頭脳はもっとも素晴らしい機能の一つだ。マインドを見守るとは、それを深い愛を持って、深い敬意の念を持って見ることだ。見守ることが深まり、気づきが深くなるにつれて、隙間が見えてくる。その合間の中であなたは初めて無心《ノーマインド》（非言語）の一瞥を得る。無心《ノーマインド》は心《マインド》に対立しない。無心《ノーマインド》は心《マインド》を超えているのだ。

瞑想の仕方を誤ることもありうる。例えば深い集中に導く瞑想は何れも誤りだ。集中にはそれなりの用途がある。科学研究にはそれが必要だ。だが神とは対象ではない。神とはこの存在の全体性であり、この瞬間だ。それでは瞑想とは何か？　瞑想は集中ではなくくつろぎだ。人は単純に自分自身にくつろぐ。するとますます流動的になり、突然「存在」が浸透してくる。くつろぎとは受容だ。存在の受容こそが唯一のくつろぎへの道だ。

また瞑想は内省でもありえない。「内省」とは自分自身について考えることだ。例えば怒っているとする。あなたは怒りとその原因について考えはじめる。怒りを分析する。だが注意の主眼点は怒りにあり、自分自身にはない。

これに対して東洋心理学は言う。「気づきなさい。怒りを分析してはならない。その必要はない。ただそれを見るのだ。気づきを持って見なさい。考え出してはならない」実際もし考え始めれば、その思考が怒りを見るための障害となる。そうなれば思考が怒りを雲のように取り巻き、明晰さが失われる。だから無思考状態で見ることだ。

それから瞑想の障害には、心の策略といったものもある。あらゆる「体験」は心のトリックだ。すべての体験はただの逃げ道に過ぎない。瞑想とは体験ではない。そもそも体験とは、自分の外側にあるものだ。体験「者」こそが自己の「本性」だ。そしてこれが真の精神性と偽物との違いでもある。体験を追っているなら、その精神性は偽物だ。体験「者」へと向かっているなら、それは本物だ。

あなたは内なる中心に向かって進み続ける。そこには「あなた」しか残されていない。そうして中身（体験）のない意識だけが残る。そうなれば自我の可能性はない。

また瞑想の中では、時には本物でない一種の虚空を感じる。瞑想していると、数秒間、まるで思考の過程が止まったように感じる時がある。だが「まるで思考のプロセスが止まった」とあなたが感じるがゆえに、それは再び一つの思考のプロセスとなる。このような状況がいつ起ころうとその犠牲者になってはいけない。

初めのうちはそうならざるをえない。だからこれが起きた時はいつでも、ただ、待つことだ。罠にはまってはならない。沈黙し続ける。そうすれば虚空に入る。

最後に、探究者の陥りがちなパターンがある。第一に多くの探究者が「自分は辿り着いた」という幻想的な感覚の中で、自己を見失う。それは夢の中で自分が目覚めていると感じるようなものだ。あなたはまだ夢を見ている。「目覚めている」という感覚は夢の一部だ。同じことが探究者にも起こる。心《マインド》はペテン師だ。心《マインド》は「いまや、辿り着いた。どこへも行くところはない」という幻想をつくり出せる。心《マインド》はペテン師だ。

心《マインド》の機能は眠りを守り、妨げを防衛する。これが心《マインド》の本来備わっている能力だ。

瞑想に伴う病的危険

ここで和尚がいうのは、主として瞑想に伴う境地の問題であるが、日本のTP心理学者安藤治（『瞑想の精神医学』）は医学者の面として、その身体的病理も訴える。

臨床的効果を求めて安易に瞑想を利用したりすると、却って大きな弊害を及ぼす場合があることが知られるようになってきた。しかし瞑想による精神の不調、病理現象の可能性は、いまだ十分な知識が蓄積されているとは言いがたい。（ウィルバーによる意識とセラピーの対応図参照）それでここでは瞑想の発達段階の三段階について素描してみる。

1・準備訓練期――内的意識の流れには次々と絶え間なく思考や感情が現れてくる。瞑想実践では、それを過ぎ去るままにしておくよう指導される。しかしそこには当人にとって非常に大きな意味や意識内容や、強烈な衝撃をもって迫ってくる意識内容がある。

瞑想を続けていくと、普段は意識に上がってこない、幼児期の記憶や人生上の不快な体験、身体各部の痛みが浮上してくることがある。またかつて精神病を体験した人が瞑想を行った場合、症状が再発する可能性もある。

長期のリトリート（集中合宿）などでは、とくに瞑想体験が進化し、外部の世界や日常生活から意識が遠ざけられることになるが、そこから再び日常生活に戻る際に障害が見られることがある。現実

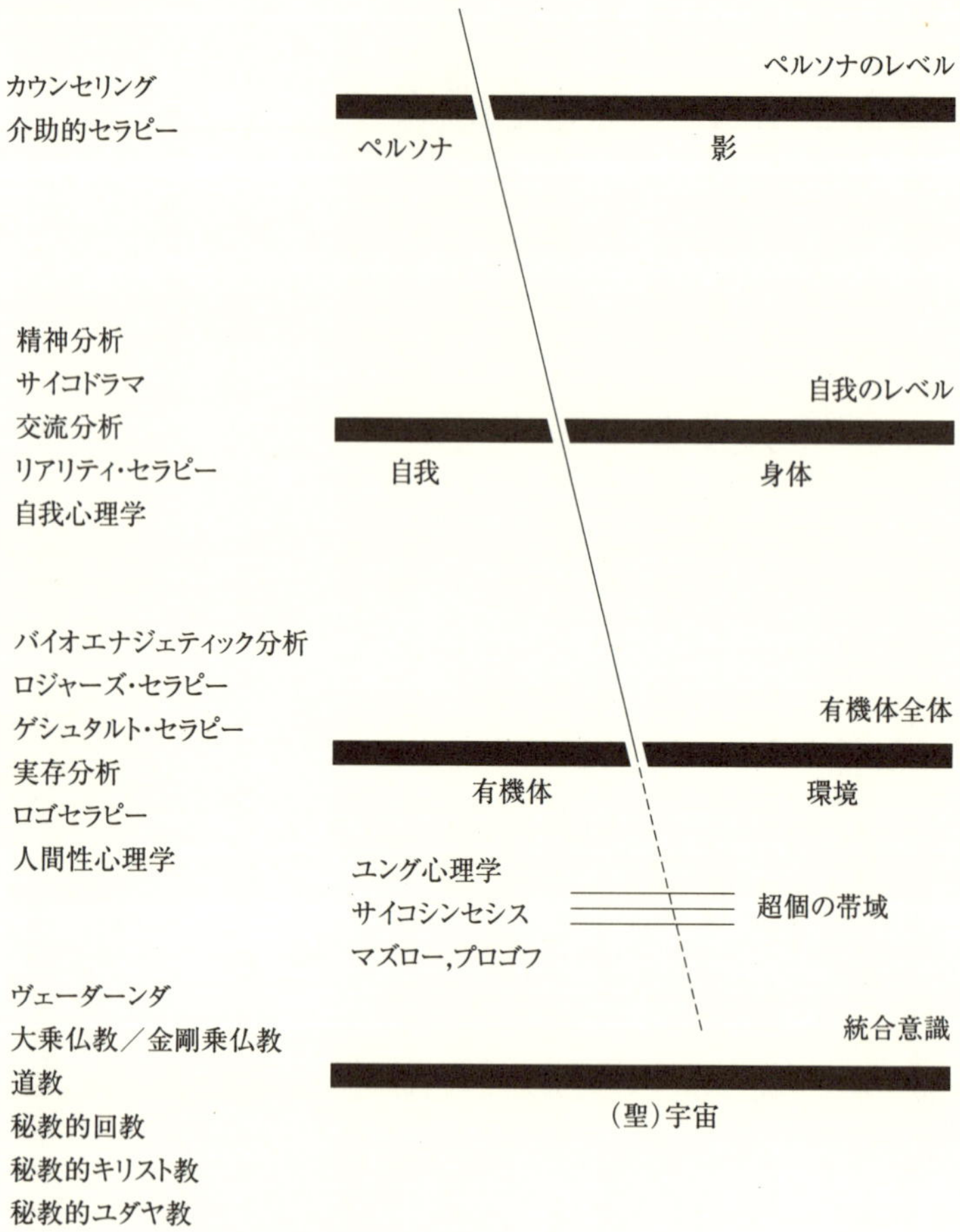

心の階層性とセラピーの対応

出典：吉福伸逸『トランスパーソナル・セラピー入門』(平川出版社) 75頁

的な見当識が弱まり、思考プロセスが止まってしまい。自分が何をすべきか、どこへ行くべきかが中々決断できなくなる。こうした状態は、精神医学の方面で「離人症」と呼ばれる症状と類似している。

「魂の暗き夜」とは、スペインの聖者ファン・デ・ラ・クルスの言葉だが、この状態に入ると、生のすべてが意味を失い、深い苦悩や絶望、重苦しい抑鬱感にさいなまれる。また現実からの逃避傾向を持つ人は、容易にアディクション（中毒）が起きやすく、一度依存できる場所が見つかれば、そこから中々抜け出せなくなる。またスピリチュアリティへの熱望は、当人の自由な態度を奪って、当人の希望を奪ってしまう危険性もある。

2・集中的瞑想期――瞑想修行が進み、集中的瞑想の段階に入っていくと、瞑想者の意識は呼吸、イメージ、光などといった内的対象に安定した集中を保つようになる。瞑想者はこの段階にいたって、まったく新たな心的世界、つまり霊的領域と言われる世界への門をくぐることになる。通常の意識では体験し得ない心的要素が次々現れてくる。

この時期には突然のエネルギーが出現し、多くの人を驚かし、時には強い恐怖を伴って体験されることがある。身体に各部に強烈な痛みが出現するものもある。

集中期に入ると、知覚面に奇妙な変化が現れてくることがある。身体が非常に大きくなったように感じられたり、またその反対の場合もある。いわゆる体外離脱体験することもある。聴覚面にも変化が起き、強烈なベルの音がしたりする。過去の心配や悔恨、未来に対する不安なども入り交じって、感情が揺れて制御が効かなくなることもある。

集中瞑想が深まり、洞察期の段階で、素晴らしい喜び、魅惑的な恍惚感がわき起こってくることがある。この状態は偽の最高ゴールで、その意味でシュード・ニルヴァーナと呼ばれている。禅は盛んであるが、ここにも「禅病」と言われるものがある。禅病は、修行者の間ではよく知られていても、詳細な記録に欠け、確かな評価を下すことができない。禅病では、禅僧白隠の危機的状態と回復の記が著名だ。

3・洞察的瞑想期――洞察的瞑想期の体験については、正確にはほとんど分かっていない。高度な体験領域に到達すると、見るもの、聞くもの、触れるもの、そして世界のあらゆる現象が、瞬間瞬間に立ち現れていくさまについての洞察を掴み取れるようになると言われている。その段階では、人間および世界の苦悩、悲しみに対する深い理解と慈悲が生まれてくるが、そこには深く暗い夜の世界が待ち構えている。妄想的な死の観念にとりつかれたり、閉所恐怖のような状態や重苦しい苦悩からの深い憂鬱感に悩まされたりするようなこともあるとも言われる。東西研究に切に期待される次第だ。

他に「スピリチュアル・エマージェンシー（霊的危機）」と言われる事態がある。これは瞑想によらずとも、それらと非常に類似した状態が出現することである。それで瞑想途上に現れる種々な困難な事態について考える際には、もう少し広い視野から捉えて見る必要があると思われる。そのための新しい考え方が生まれてきたのだ。

第四章　セックスの変容が宇宙をもたらす

性の開放と社会革命

和尚も称賛した性心理学者ウィルヘム・ライヒの弟子であるセラピスト、アレクサンダー・ローエンが『バイオエナジェティックス』で次のように語っている。

「エネルギーとパーソナリティとの関係がもっとも鮮明に現れるのは、抑うつ的な人間においてである。抑うつ的な傾向や反応は、込み入った心理学、身体的要因の相互作用によって生じるが、次のことだけは確かだ。つまり抑うつ的な人間はエネルギー的に抑圧されている」「人の感情生活は身体のモーティリッヒに依存する。身体のモーティリッヒは身体を通して流れる興奮の流れだ。この流れを妨げるとブロック（障害物）が発生する。――このように〈ブロック〉〈無感覚〉〈慢性的緊張感〉といった言葉は同一の現象を指している」。つまり人間感性の抑圧は、いかに身体に悪影響を及ぼすものかの証明だ。

ところで性の抑圧は、果して社会革命（政治革命ではない）実現のためにどんな寄与をしているのか？　この問いはほとんど無視されている。性への偏見は、社会の真面目な活動家たちも捉えていると言うのは、アナーキスト江口幹（『ライヒ』）だ。

彼らにとって自由に奔放に愛欲にふけることは、否定すべき、忌むもの、退廃的なブルジョアのものと受け取られているように見える。しかしそうした真面目な人々によって行われる革命とは、一体いかなるものか？　それは各個人の自由な発意と同意の上に成立する、非権威主義的な社会であり得るのだろうか。どうやらそうではないらしい。

そのことはごく自然に六八年五月のフランスの動乱を念頭に浮かばせる。異端の性科学者である、ウィルヘルム・ライヒの復権を、いちじるしく促進させたのは疑いもなく学生たちの五月革命であった。ライヒは一躍同時代の有名人になった。

六八年の五月は、既成の社会と権威についての、あらゆる場での壮大な告発を生み出した。そして性の問題もまたその主要なテーマの一つであった。大学の壁には「羞恥心は反革命である」「君のズボンの前を開くように、君の頭脳を開放せよ」「愛の営みをすればするほど、革命をしたくなる。革命をすればするほど、愛の営みをしたくてたまらなくなる」などという性開放を歌った落書きが連ねてあった。それをまた彼の友人でもある、アナーキストの思想家ダニエル・ゲランが鮮明に称賛した。

ゲランの発言は、自然の生命への信頼、自発性への信頼の賞賛、あらかじめ設定された枠の中に人間を追い込むことの拒否だ。それが五月革命の志向だった。

社会的な既成や偏見による監視、そうしたものへの遠慮や怯えを取り除いて、われわれがしたいことを何でもしたとすれば、われわれの各自の生命の持つ可能性は、それこそ実に驚嘆すべきほどのものになろう。それは単に性の自由ではなく、性の自由と社会革命との関連だ。よい革命家であるためには、たくさんの愛の営みをする必要があるのではないか？　ベッドの中での愛の個人的行為が、現行の支配体制を打破する。

第一にどのような形のものであれ、一つの抑圧の形式を受け入れることは、すべての抑圧を受け入れる用意をすることだ。その反対も同義だ。そのメカニズムについて、ゲランは、性の抑圧のもっとも憂慮すべき点は、「抑圧されるものの中で、反逆させる力を麻痺させる」働きをすることをしきりと強調している。

ライヒはもっと鮮明に、個人は、性本能と道徳の葛藤の重荷に悩まされて、健康な心の構造を失い、神経症にかかると言う。「その本能の欲求と道徳による抑圧との解決することのできない葛藤のために——彼は何につけても外部にあって彼を支配してくれる何らかの法則（道徳等）に従って行動しなければならない」。そのように性の抑圧は、生命力の萎縮と自律の放棄と権威への従属を生み出し、全社会的な抑圧の構造を一段と強化する。

ゲランはライヒによりつつ、性の本能の充足は、「健康の一要素であり、そこから得られる安らぎは、心の平穏、静けさ、生きている喜びをもたらすもの」とする。

一方ライヒは生体の自律する能力を強調する。「生命力を鎧の中に固着された状態から解き放す——そうやって完全なオーガスムの満足に達する能力を得れば」、個人の行動全体は驚くべきほど変わる。ここで自律する能力が現れる。「健康な個人は、押しつけがましい道徳なんか持っていない。なぜなら道徳によって抑圧される必要がある衝動なんてまったく持っていないから」だ。自由で自律的な新しい人間の創造だ。

性経済に従う道徳

長年、性問題の研究にたずさわってきた旧オーストリア生まれのウイルヘルム・ライヒ（『性と文化の革命』）によれば性障害でもっとも基調音になっているのは、みな同じだと言う。それはすべての患者が本能と道徳の葛藤の重荷に悩まされていることだ。

患者（彼はいつも社会の圧力を受けている）は自分自身に対して、道徳の要求を絶えず押しつけているが、それは彼の性の（そしてもっと広い意味で生命力の）欲求をダムのようにせき止めて増加させていることだ。本能は、道徳や自我や外界と衝突し葛藤し、生体は外界に対しても武装しなければならないが、自分自身の本能に対しても武装しなければならなくなる。生体がこんなふうに武装すれば、生きるための能力はどれも必然的に制限されることになる。大多数の人々がこのがんこな武装に苦しんでいるのだ。

性に対する態度にも、同じことが見られる。もし自分自身の性を抑圧するなら、ありとあらゆる道徳的な審美的な防衛手段を発達させなければならなくなる。患者が自分自身の性欲求にまともに面と向かうことが再びできるようになると、こういう道徳的で審美的な防衛手段の違いによる神経症的な個人差はなくなる。

健康な個人は押しつけがましい道徳なんか持っていない。なぜなら道徳によって抑制する必要がある衝動は持っていないからだ。売春婦との性交を思いつくこともない。サディスティックな空想はなくなる。親や兄弟姉妹への近親相姦的な固着には、もう興味がなくなる。肛門的、露出症的倒錯は消えてなくなる。要するにこういう現象はみんな、生体は自律する能力がある、ということを示しているのだ。

患者が回復していく時、適切なパートナーを見つけると、すべての神経症状が消えていく。そうなると道徳規律の原則というのは、性（生命）経済的（性欲求の扱われ方、性研究、知識、欲求の不当な扱われ方）自律の原則に反することが明らかだろう。本能と道徳は相いれない。何年もの民族学や社会学の発見に照らし合わせてきて、道徳的原則から自律による性経済的原則へと心の構造が変わることから、この結論は疑う余地がない。

革命勢力は、その敵と同じように、本能の営みを道徳によって規制すれば、まさにそうやって収めようとするもの、つまり反社会的衝動を生み出すことになる、ということを見逃している。そして性経済に従った規律だけが、文化と自然の間の対立をなくすことができる。性の抑圧がなくなれば、倒錯した衝動や反社会的な衝動もなくなる。

道徳は必要か。必要だ。反社会的な衝動は実際に社会生活を危険にさらすからだ。それなら、道徳による規律をどうやってなくすることができるか？

まず次のような性経済の発見を考えに入れなければならない。道徳による規律は、自然な生命の欲求を抑圧し満足させられないようにしている。その結果、代わりに現れてくるのは病的に反社会的な衝動ができてくる。これらの衝動は、今度はどうしても抑制しなければならないという必要があったからではない。

道徳による規律がこの世に存在理由を得たのは、それが生み出されたものによって、実際に社会生活が危険にさらされ始めた時だ。

例えば、飢えを自然に満足させようとするのを抑制すると、必然的に盗みを起こさせることになる。盗みを道徳によってとがめなくてはならなくなる。こういう議論をするには、自然の生物学的な衝動を、二次的な反社会的衝動から区別しなければ一歩も進めることができないだろう。一次的衝動による障害に、さらにつづく二次的な反社会的衝動というものが現れるのは、すべて道徳によって生まれたものだ。

要約すると、権威主義の社会から自由な社会への過渡期には、ルールは次のようにあるべきだということになろう。つまり二次的で反社会的な衝動には、道徳による規律。自然で生物学的な欲求には、性経済に従った自律が必要だ。

性経済は、その目的として、道徳による規律に負けずに「道徳的な行動」を目指している。ただ性経済での「道徳性」はまったく違ったものを意味している。つまり自然に対して真正面から反対するようなものでなく、自然と文化の完全なハーモニーによるものだ。性経済は道徳による規律と闘う。なぜなら道徳による規律は、まさにそれが闘おうとしているもの、つまり反社会的な衝動をつくり出すからだ。

性はサマーディの一瞥

和尚のコミューンは、生前、皮相なマスコミによってセックス教団として騒がれたものだ。それは痛烈な非難をも意味していた。それに対し和尚は〔私の全数百冊のうち何冊が性に触れているのか？〕と抗議し、〔私は性を教えているわけではない〕〔私ほど性に対立している者は他にいない〕とも弁明もしているが、基本的には性をあるがままに肯定し、性を神聖視するがゆえにそのブラフマチャリア（＝性超越）を訴えたのだ。

人間には愛が必要であるが、愛は人間の内側に閉じ込められている。それは解き放たれるのを必要としているだけだ。問題は愛をどのように創りだすかではなく、どのようにして明るみに出すかということだ。その単純な回答は、セックスが愛の出発点だということだ。セックスは愛に至る旅の始りだ。その起源、愛というガンジス河の源ガンゴトリは、セックス、情熱だ。が、誰もがその敵であるかのようにふるまう。あらゆる文明や宗教、あらゆる導師、見者らはこのガンゴトリ（源流）を攻撃してきた。

私たちは、旅をして愛の内なる海に行き着くのは、最終的にはセックス・エネルギー自体であることを理解しない。愛はセックス・エネルギーの変容したものだ。愛の開花は、セックスという種からやってくる。あたかも石炭が何千年の過程を通して、ついに変容してダイヤモンドになるようにだ。石炭とダイヤモンドは同じ成分である。

人間はしばらく脇へ置いておいて、動物、あるいは植物の王国をよく見れば、そのすべてのものの奥底に何を見出すだろう。動植物のエネルギーは、すべて新しい種を産みだすことに向けられている。その存在全体は、新しい種を創ることにたずさわっている。それがゆえに生殖の過程は永遠だ。生は創造性、自己創造の過程だ。同じことが人間の場合にもあてはまる。私たちはその過程を「情熱」「セックス」と名づけた。「性欲」とも呼ぶ。それがゆえに性はフロイトに聞くまでもなく、人間の根本的な衝動である。

にもかかわらず、私たちは性を恐れる。なぜなら心理学者クーによれば、平均的な心は「逆効果の法則」に支配されると言う。私たちは、自分をそれから守ろうとしているまさにそのものと衝突する。それは恐怖の対象が私たちの意識の中心を占めるからだ。同じように、この五千年間、人間は自身をセックスから救おうとしてきた。その結果、ありとあらゆるところで、人間はさまざまな形をした性倒錯に出会うようになった。

こうした性交渉のありように対し、宗教は、人間の内側の在りようを、純正な熱望も根本的な性衝動もともに含めて一体にまるめることを目指している。宗教はまた、人間を低いところからより高いところへ、暗闇から光へと、非現実から現実へ、つかの間のものから永遠なるものへ導くものである。そのためには知識が必要である。実際に人間は知ることにおいて、初めて自由となる。知識こそ超越である。

そうした観点において、和尚の推測では、人間がこれほどセックスに惹かれるのは、上記のような理由の他に、人間は性交渉を通じて、瞬間的な快楽ばかりではなく、サマーディ（宇宙的一体感＝永遠）の最初の輝く一瞥を得ることに気づいたからに他ならないのではないかと言う。人は交合の時にのみそのような深遠な愛を感じることが可能であり、そのような光輝に満ちた至福を体験できることを発見した。

実際セックスの深みにおいて、人間には次の二つのことが起こる。まず性行為の中では私が消えるだろう。エゴのない状態が生まれるだろう。ほんの僅かの間にしろ自分がなくなるのだ。そしてあなたは宗教の体験でも「私」が消えることを知っているだろう。宗教の中でもエゴが無の中へ消え去ることを知っていよう。性行為とは、エゴを消えさせる入門の行為だ。そしてオーガズムは自己消滅の状態だ。

セックス体験の二つ目のことは、一瞬時間が消えるということだ。時間のない状態が創られる。イエス・キリストは、サマーディに言及して、「もはや時はない」と言った。オーガズムの中では、時間の感覚は存在しない。過去はなく、未来もなく、ただ現在の瞬間だけがある。現在は時間の一部ではない。永遠だ。

これら二つが人間がこんなにも性に魅せられる理由であって、それは男が女の、女が男の肉体を求める熱望ではない。真の人間の情熱は単なる快楽の他に何か別のものを求めている。エゴのない状態、時間のない状態を求めているのだ。

安らぎの谷のオーガズム

それから和尚のセックス理解の背景には、タントラがある。タントラは第一部にもあるように、教義に重きを置いた宗教ではなく、「あるがままに受け入れなさい」という極めて現実的にして深みのある宗教である。現実の全肯定に立っている以上、セックスもまた必然的に肯定し得るし、事実タントラにおいても男女問題は土台になっている。

しかし性合一は性合一として留まってはならない――それがタントラの教えだ。それは愛に変容されなければならない。愛によって二つの肉体が一つになる時、そこにはただ一つのリズムのみが残る。その時二元性は消滅してしまう。

ということはまず人間は人類史的にあと戻りして、追放前のアダムとイヴになるがいいと言うことだ。人はトータルに性欲を出し尽くすがよい。狂った動物のようになって、思いっきり性に励むことだ。性に励んで、性に励む人はいなくなって、性だけになる。そうすると二つのことが起こる。一つは性欲が減退する。感覚は残るだろうが、大脳の欲望が止まって、やがて性欲は完全に消滅する。そして性欲がなければ性交渉は神聖だ。

次には性交渉もまた消滅するだろう。その時そこにはブラフマチヤリア（性超越＝宗教的独身）が残る。それは性交合の反対ではなく、単なる性交合の不在だ。

その以前、あなたが仮に性エネルギーに溢れている時でも、性の発散については考えないことだ。溢れるエネルギーとともにいるがいい。射精を求めてはならない。それを完全に忘れるがいい。それがタントラセックスの神髄である。

行為を性急に終わらせなければ、それは次第に性的ではなくスピリチュアル（霊的）になっていく。性器も互いに融け合う。深く静かな合一が、二人の肉体エネルギーの間に起こる。その一体感は、時間が経つにつれて深まってゆく。液体となって深く融け合い、その瞬間に留まるがいい。その瞬間はエクスタシー（法悦）に、サマーディになる。射精することなく、エネルギーを捨てなければ、それは瞑想になる。

　このような交合を理解するには、性交渉には二つのタイプのクライマックス（絶頂）があると考えればいい。二つのオーガズムだ。一方は普通の射精型セックスだ。それによってあなたは慰安を感じ、重荷を降ろす。重荷は投げ捨てられ、眠りに就く。

　それに対し、タントラはもう一つのタイプのオーガズムに焦点を合わせている。第一のものを「頂上」と呼ぶなら、第二のものは「谷」と呼ぶことができよう。興奮の絶頂に到達せずに、リラクゼーションのもっとも深い谷に至る。男性が入ってくるやいなや、愛する者と愛されるもの――双方がリラックスする。いかなる動きも必要ない。

　この深い抱擁は何時間でも持続させることができる。これが射精後に悔いの残らない「谷のオーガズム」だ。

　このタントラセックスにおいては、遅かれ早かれ、射精がエネルギーの浪費だと認識するようになる。そして一回のタントラセックスの体験によって、何日間もくつろぎ、安らぎ、ゆったりとした気持ちになれる。非暴力的で、怒りも落ち込みもない。さらにこのタイプの人は、他人に決して危害を及ぼすこともない。無時間、無我、存在との深い非二元性を知り得た者は、そこからさらに成長していくだろう。

　またタントラセックスにおいては、性交渉において三つの可能性があると言う。二人の恋人が出会う時、そこには三つの図形がある。それは幾何学的図形であり、一は四角形、二は三角形、三は円だ。これが性行為に関する、一つの錬金術、タントラ的分析だ。

なぜなら通常の場合、性行為にある時、そこには四人の人間がいる。二人ではない。男女両者が思考部分と感性部分の二つに分裂しているから、計四人(角)となる。それは群衆の性であって、そこには深い出会いというものがない。合一はない。三角形においては、二人は底辺の二角だ。そしてほんの一瞬、第三の角のようになる。三番目のタイプは最高の出会いで、二人は円環になる。角はない。それは射精しない時に初めて起こる。

さらにこの円環は、自分自身の内側にも形成できる。人間は男女とも本来両性具有であり、男女両方によってつくられた人間は、外部の自分と反対の性を内に抱えている。従ってそれぞれが自分の内側の異性と出会う時、初めて真の禁欲が達成される。この円環が内側に形成された時、当人は自由になる。これがタントラの語っていることだ。

第五身体以降性別がない

和尚の日常人には考えられない、不思議なトランス・セックス話はまだ続く。

次章に説明するように、人間の身体というものは七つの各チャクラに応じて、七つの身体がある。この七つの身体のうち、男の第一身体は男性であるが、第二身体においては女性となり、第三身体は再び男性、そして第四身体は女性となる(だからモハメッド、モーゼ、イエスたちは、神との交わりを瞬時にして結んだ)。女性はその逆で、第一身体は女性、第二身体は男性、第三身体は再び女性、第四身体は男性となる。このため男女には根本的違いがある。この違いは人類の歴史や宗教に、根深く影響を与えてきた。

男性の第一身体が第二身体（女性的エーテル体）に出会うと、二つは融合体をつくる。一方女性の第一身体が第二身体（男性的エーテル体）に出会うと、この二つも融合体をつくる。これは素晴らしい合一だ。外側の合一は束の間のものに過ぎないが、内なる合一は永遠に続き、一端起こってしまえば、二度と壊れることがない。

ヨーガの観点からすると、内なる交わりが可能になると、外的な交わりへの本能はたちまち消え去る。これは内なる合一に完全な満足と充足感があるからだ。したがって内なる交わりは瞑想の一過程でもある。

そして女性が自分の男性的なエーテル体と合一すると、その融合体は女性となり、男性が自分の女性的なエーテル体と合一すると、その融合体は男性となる。これは第一身体が第二身体を吸収するためである。しかしそれらはもはや、まったく違った意味での男性と女性である。完全な男性であり、完全な女性である。

地球上の生命の発達を調べれば、原始的な有機体の中には、両性が備わっているのがわかる。例えばアメーバーは、半分オスで半分メスだ。世界でこれほど満足している生物はいないだろう。アメーバーには何の欲求不満も起こらない。アメーバーがさらに進化発達しなかつたのは、そのせいでもある。

このような関係においてタントラセックスは、さまざまな実験を重ねてきた。このためタントラは、世間から非常に多くの攻撃や誤解を受けてきた。

しかしそれはあくまで現実である。第一と第二の身体の女性が、第三と第四の身体の女性と出会う時、まさに出会つた瞬間に一つに溶け合う。すると女性は、完全な女性らしさを二重に達成する。これより優れた女性は存在し得ない。これが完全な女性の在り方だ。この完全なる女性は、完全な男性に出会おうとする欲望すら抱かない。

第一の完成にあっては、第二の完全なる人物との出会いへの魅惑があった。その出会いはより多くのエネルギーを産みだした。今やそれも終わった。ある意味では神に出会うことさえ無意味だ。男性の内側でも、二つの男性が一つに溶け合う。四つの身体が合体した時、男性の中に残るものは男性であり、女性の中に残るのは女性だ。そして第五の身体から先は、男性も女性もない。

このために第四の次元の後、男性と女性の中で起こることには違いがある。現象は同じでも、彼らの姿勢が異なる。男性は依然として攻撃的で、女性は依然として明け渡している。第四身体を成就した後、女性は完全に自己を委ねる。この明け渡し、自己を委ねること（サレンダー）が、第五の次元の旅へと連れて行く。第五の次元では、女性はもはや女性ではない。女性であり続けるためには、何かを抑制する必要があるからだ。

男性が第四身体に到達すると、完全な男性になる。この成就を達成するためには、二つのステップを経る。その成就を境に、男性にとって女性は存在しなくなる。今やその男性は、攻撃的な力に過ぎない。それはちょうど、第四身体において完全なる女性を成就した女性が、ただ自分が明け渡しのエネルギーになるのと同じようなものだ。

もはや男性も女性も、それぞれ一介の攻撃性のエネルギー、または明け渡しのエネルギーに過ぎない。そして男性の攻撃性はヨーガの訓練へと発展し、女性の明け渡しはバクティ（献身）のさまざまな道へと花開く。男性も女性も同じとなり、もはや違いはない。今や男女の違いは単に外見的なものに過ぎず、違いは肉体だけとなる。

このように第四身体の最終地点までの違いは明らかだ。しかし第五次元の領域においてはそれまでの次元と完全に違い、そこにはもはや性別は存在せず、魂だけが残る。

第五章　七つのチャクラに基づく七つの身体

第一身体から第三身体

以上のような瞑想訓練によって、人間はいかなる発達状態を辿るのであろうか？　そのことについて和尚は人間の身体を七つのチャクラに対応して七つにわけて詳述する。（それは先述したものであるが、その一がムラダーラ・チャクラ、二がスワディスターナ、三がマニピュラ、四がアナハタ、五がヴィシュダ、六がアジュナ、最後の超越チャクラは、サハスラーラと呼ばれる。サハスラーラというのは、一千枚の花弁を持ったハスを意味する。）

これをもっと普遍的な名称に変えれば、すなわち最初の身体は、誰もが知っているフィジカル体（肉体）だ。二番目はエーテル体（生気体）で、三番目はこの二番目を超えたアストラル体（星気体）、五番目は再び四番目を超えたスピリチュアル体（霊体）、六番目が五番目の彼方にあるコズミック体（宇宙体）、そして最後の七番目がニルヴァーナ・シャリール、ニルヴァーナ（涅槃《ねはん》体）、つまり体なき体の次元の身体である。

人間は七年単位によって分離されている。人間の生涯の初めの七年間では、ストゥール・シャリール、肉体的な身体だけが形づくられる。他の身体は、種の形のままだ。成長の可能性はあるが、生の始まりにおいては休眠している。だから初めの七年間は、限られるたる年代だ。この年代には、知性や感情、願望のどんな成長もない。ある人たちは七歳より上には成長しない。

この身体に先天的に備わっている基本的な機能は、肉体の性衝動だ。探究者の心にまっさきに浮かんでくる問題は、この中心となる機能へどう対処するかだ。ただしこの身体には、先章にもあるように、瞑想によって達成されるブラフマチャリア（性超越）の機能も備わっている。性合一は人間の先天的機能だが、それは変容されもするのだ。この変容の道を歩む者は、生まれつき備わった中枢機能と闘ってはならない。抑圧していたら、変容は決して起こらない。肉体のすべての諸器官は、盲目で無意識だから、気づきという理解を与えることでそれを変容していくことができる。

次の七年間は個人個人の感情が成長する年代――七歳から一四歳までは、バーワ・シャリール、エーテル体（感情体）が発達する。この七年間は、個人個人の感情が成長する年代だ。これは感情のもっとも強烈な形である性的成熟が、一四歳までに達成されるためだ。ここでもある人たちはこの段階で停滞する。そのような人は食べることと飲むこと以外の人生には、何の興味もない。だから人口の大多数が、第一身体までしか発達していないような社会の文明は、ほとんどその味蕾《みらい》のまわりを巡っている。

この身体にも二つの機能がある。元来備わっている機能は、恐怖、憎しみ、怒り、攻撃性だ。このレベルで止まっていたら、正反対の状態――愛、慈悲、勇気、優しさが生まれることはない。だがこれもただ抑圧しているだけでは、変容は起きない。恐怖はもともと生きていくための必要不可欠のもので、もしなかったら生きていくことはできない。そこでここにおいても求められるのは理解であって、もし恐れの性質を理解したら、勇気が生まれる。暴力の性質を理解したら、非暴力となる。同じように、怒りを理解すると寛容性が高まってくる。

三番目の七年期、一四歳から二一歳までの間に、スクシマ・シャリール、アストラル体が発達する。この身体では理論、思考と知性が発達する。この身体にも疑いと信頼の二つの顔がある。もしが疑いが変容したら信頼となり、思考はヴィヴェーク（覚醒）となる。自分の疑いを覆い隠す者には、絶対に「信」は生まれない。なぜなら覆い隠しても、疑いは内側にそのまま残っているからだ。

私たちは、疑いとはどんなものなのかを見極めなくてはならない。疑うこと、疑い続けることが必要だ。そうすれば、いつの日か疑いそのものを疑いだす地点に辿り着けるだろう。疑いそのものを疑いだした瞬間に「信」が起こる。逆に言えば、信頼とは疑いがいきつくところまで進み、染み一つなく純粋になったもの、究極の疑いだ。

思考活動をしなければ、明断な識別力は得られない。考えない者は無知と盲信に陥る。真の疑いと思考を知らない教条主義者は、どこの国でも、非常に活動的でエネルギッシュだ。この種の人間は、千人の人を殺せば天国をつかめると思ったら、本当に千人殺し終えるまで手を休めない。彼らが優柔不断になることはあり得ない。

それに対してあれこれと考える人は、決断がつかずに延々と考える。考えないように扉を閉じてしまったら、盲信しか残らない。これは危険極まりない。必要なのは油断なき識別力と、明瞭でゆるぎのない思考だ。それがあれば、決断を下せるようになる。

意識の静態的分析

こうした和尚の東洋的、伝統的な人間意識の超越整理に対して、アメリカでは、若くて研究熱心な理論家ケン・ウィルバーが和尚とはまったく異なる人間意識論を提出した。これは西欧人らしく、西欧心理学と東西神秘思想を統合する包括的な理論モデルの名著だ（『意識のスペクトル』1・2、岡野守也『トランスパーソナル心理学』）。両者を較べると、これほどに分析に相違があるものかと思えるほど異質なものだ。

ウィルバーの意識分析の最初のアイディアとなったものは、「電磁波のスペクトル」である。これは非常に巧みな比喩だった。電磁波には種々あって、個々別々に研究すればばらばらな結論が出るが、周波数の違うスペクトルの帯域を扱っていることが分かれば、対立することはない。それどころか電磁波全体を明らかにする上では補い合うものだ。

つまり心理学や東洋宗教が、心について対立するように見えるいろいろな理論を立てているのは、同じものについて対立、矛盾する見方をしているというより、心の別々のスペクトル帯域・レベルを見ているのであり、別々の理論になるのが当然だ。そして心全体を明らかにする上では、それぞれが補い合うものだ、というアイディアだ。

こうしたアイディアに基づく、その全体的的見通しは次頁の図1にあるようなものだが、それは（永遠―無限―宇宙）＝心のレベル、超個の帯域、実存のレベル、生物社会的帯域、自我のレベル、

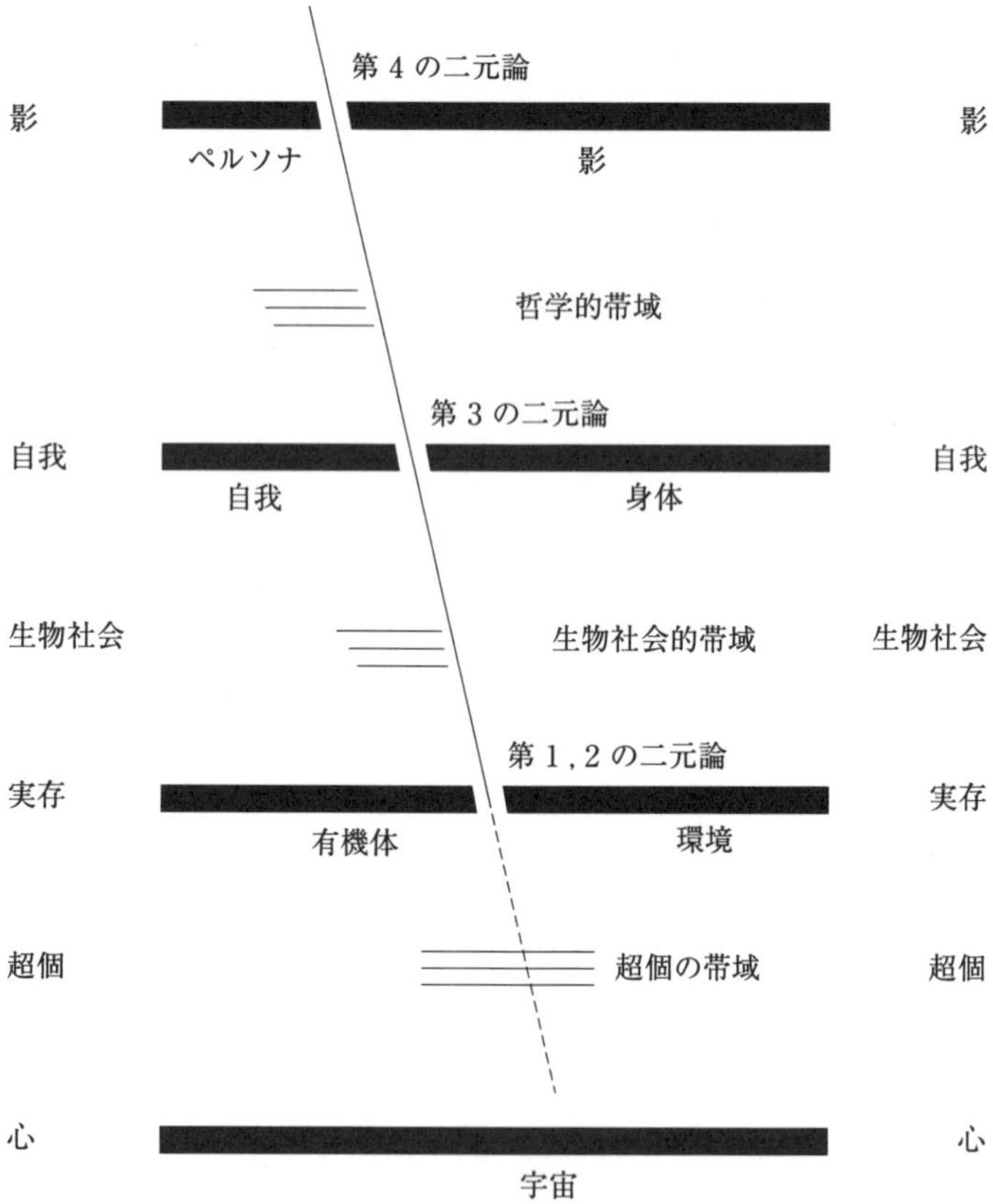

図１　ウィルバーの意識のスペクトル
出典：岡野守也『トランスパーソナル心理学』（青土社）151頁

哲学的帯域、影のレベルの七つのレベルからなっている。この七つのレベルは、基本的に、自分と宇宙との一体性という至高のレベルから次第にアイデンティティが狭まっていくプロセスと捉えることができる。

しかしこの図は下からよりは、上から眺めた方が分かりやすいので、そうすると、一番上の影のレベルは、自分の今ある立場、役割、地位、性格、能力など、自分のごく一部を自分のすべてだと思っている。この自分だと信じられた部分をペルソナ（仮面＝人格）と呼び、他の部分は無視され意識の光が当たっていないという意味でシャドー（影）と呼ばれる。人間は確かに生きていくためには、社会的ないろいろな仮面が必要だ。

哲学的帯域。これは個人的な倫理観や考え方、さらには個人的性格を形成する帯域で、個人的な判断のフィルターとして働く。

次の自我のレベルでは、人間は影をある程度認め統合しているが、身体とは分離している。体は自分の所有物や道具であって、自分自身ではないと感じられている。平均的現代人の日常意識は、ほぼペルソナと自我のレベルを往復しているので、このあたりまではわりあい分かりやすいだろう。

そうした意識自我の底には「生物社会的帯域」がある。つまり生物としての体に、母国語や社会の信念、家族の構造といった社会的情報が、無意識のうちに組み込まれている。それを私たちは当然のこととして疑わない。しかしこれは対外的に見れば重要だ。

次は実存のレベル。アイデンティティ感覚は、自我だけではなく、身体にまで広まっている。一体となった身心＝有機体が「自己」と感じられているのだ。こうした身心一如の状態は、上半身が人で下半身が馬という神話になぞらえて「ケンタウルス」と呼ばれる。しかしこのケンタウロスとしての有機体は、環境とは分離している。

自我レベルからこのレベルへ移行すると、狭い自己意識が超えられるので、一種の脱我や恍惚状態になることも納得できよう。しかしこのレベルは一方では、環境と分離した有機体＝生物の個体は、老いに脅かされ、何れは死に襲われる。生の快楽と同時に死の不安に目覚めるアンビバレンツ、不安な状態でもある。

さらに深いＴＰなレベルでは、言葉の示す通り、パーソナリティ＝個人性は超えられ、有機体と環境の分離も超えられ、有機体と分かれて別にあるものとしての時間や空間も超えられ、いわゆる超常現象や神秘体験が起きる。ケンタウルスのレベルよりもっと徹底的なエクスタシーの体験が起こる。その体験は妄想や幻想ではない。

しかしＴＰ心理学でもっと重要なのは、さらに深い包括的な心のレベル、「宇宙意識」のレベルの存在を認めることだ。ウィルバーは「このレベルは異常な意識の状態でも、変成意識の状態でもなく、唯一真実の意識の状態であり、ほかのすべての状態は本質的に幻想である」と言う。このレベルは東西の神秘思想が、神、ブラフマン（宇宙我）、永遠、無限、空、無、宇宙——等々とした、人間と全者とが一つである究極のレベルだ。

第四身体から第六身体

和尚がサイキ（超常）と呼ぶのは第四身体、マナス・シャリールだ。この体には、それ独自の素敵な経験がある。例えば知性が充分に発達していなければ、数学に興味を持ったり、楽しむことはできない。第四身体においては、普通にはない経験をする。催眠術、テレパシー、透視はみなこの時期の身体で可能である。第四身体には、大いなる可能性がある。だが多くの欺瞞と同様に、様々な危険性もあるため、普通はこの身体は開発されない。ことが微妙になればなるほど、欺瞞の可能性も大きくなる。

第四身体以降の世界は、それ以前の世界が客観的であるのに比べ、主観的で、個人的な世界が始まる。外で通用したいかなる規則も、ここでは使えない。夢は第四身体の出来事であり、そこには偉大な可能性がある。このレベルでクンダリーニ（宇宙エネルギー）に眼覚めれば、酒を飲むことができない。また暴力的な傾向は完全に消えてしまう。瞑想者が暴力をふるわないというだけではなく、彼自身の内側に暴力的な感覚がなくなる。

そしてマハヴァーラタのようなあらゆる宗教的な誓い――非暴力、不窃盗、非所有、禁欲、充分な目覚め――は、自然で簡単なものになるだろう。

第四身体で、股間で蛇がとぐろを巻いていると言うクンダリーニに目覚めた者のみが入ってゆける。第五番目のスピリチュアル体には素晴らしい価値がある。ただしこの身体を見出した者は、第四身体の数より、さらに少数の者しかおらず、彼らは霊的な人と呼ばれる。従ってこうした人たちはこの段階を旅の終わりだと思い、「アートマン（真我）への到達は、すべてをしたも同じだ」と宣言したりする。そして彼らは「ブラフマンなどいない。パラマアートマンなどない」と言ったりするが、彼はまだ第五身体であるに過ぎない。

モクシャ（解脱）の状態は第五身体で経験される。初めの四つの体の限界は超越され、魂は完全に自由になる。だから自由は第五身体での体験だ。この身体においては、第四身体までにあった二つの側面、二元性がなくなる。以前言ったように、男性と女性の違いは第四身体までのことであって、それ以降はなくなる。注意深く観察すると、二元性というものは、すべて男女の違いに起因していることがわかる。男女の相違が消える地点こそ、すべての二元性が消滅するところにほかならない。

さらに第五身体に入った人の特徴は、無意識的なところがすべて完全になくなるというところにある。夜も実質眠らなくなる。睡眠は取るには取るが、眠っているのは肉体だけになる。内側で誰かが常に目覚めている。つまり彼の覚醒は揺らぐことなく、二四時間目覚めている。いまだ第五身体に入っていない者は、これと正反対の状態にある。そのため第五身体でき上がった者は、ブッダ（目覚めたる者）と呼ばれる。

個人的な葛藤や問題は、第五の次元で終止符を打つ。だがこの次元にもこの次元特有の障害がある。それは自己知があまりにも至福に満ち、そこに別れを告げ、さらに先に進もうという気持ちにならなくなることだ。だから多くの瞑想者は、アートマ・ギヤン（自己知）で立ち止まり、ブラフマン（宇宙の真理）へと進むことがない。神秘の極限はこの五次元を越えたところにあるからだ。

そもそも第五の次元でのエゴは、基本的に死ぬにも関わらず、「私は在る」という感覚は依然として存続している。エゴ、すなわち「私」という感覚は死ぬ。しかし「在る」という感覚は死んでいない。「在る」という感覚は実存感覚で、「永遠なる魂」を体験しているが、「在る」そのことで他者から分離していると感じる。

第六身体はブラフマ・シャリール、宇宙体である。ここにはどんな二元性もない。そして存在や実存を体験する。「私は在る」はそこでやっと失われる。その中の「私」は第五の次元で失われ、「在る」は第五次元を過ぎるや消え去る。「在るということ」が感じられる。タタータ、すなわち如性《にょせい》が感じられる。「私」「在る」はなく、残っているものはそのものだけだ。真実や実存、そして意識を認知する。しかしここでの意識は、「私」から自由だ。もはや私の存在ではなく、ただ存在だけがある。

ここでも立ち止まってしまう瞑想者がいる。ブラフマンとは全一という意味だ。そこで「ブラフマンこそ究極の真実」というわけである。しかし実際にはブラフマンこそ最後の障害物——探究者の最終的な希求における最後の障壁なのだ。

東西の超越比較

ところで見てきたように『意識のスペクトル』は、固定的なものではない。人間の意識はまず「仮面」から「心」のレベルへとより下部を含みつつ進化・展開・発達するが、それはある面ではアイデンティティを狭めることだ。進化が頂点に達すると、逆にアイデンティティの再拡大、疎外したものの再統合、深化が始まる。進化と深化は、それぞれ人生の半面に過ぎない。両者が揃って初めて、人生の完全なサイクルと呼ぶことができる。

そうした大がかりな「総合的ライフサイクル」の一層詳しいウィルバーの探究は、数年後、第三作

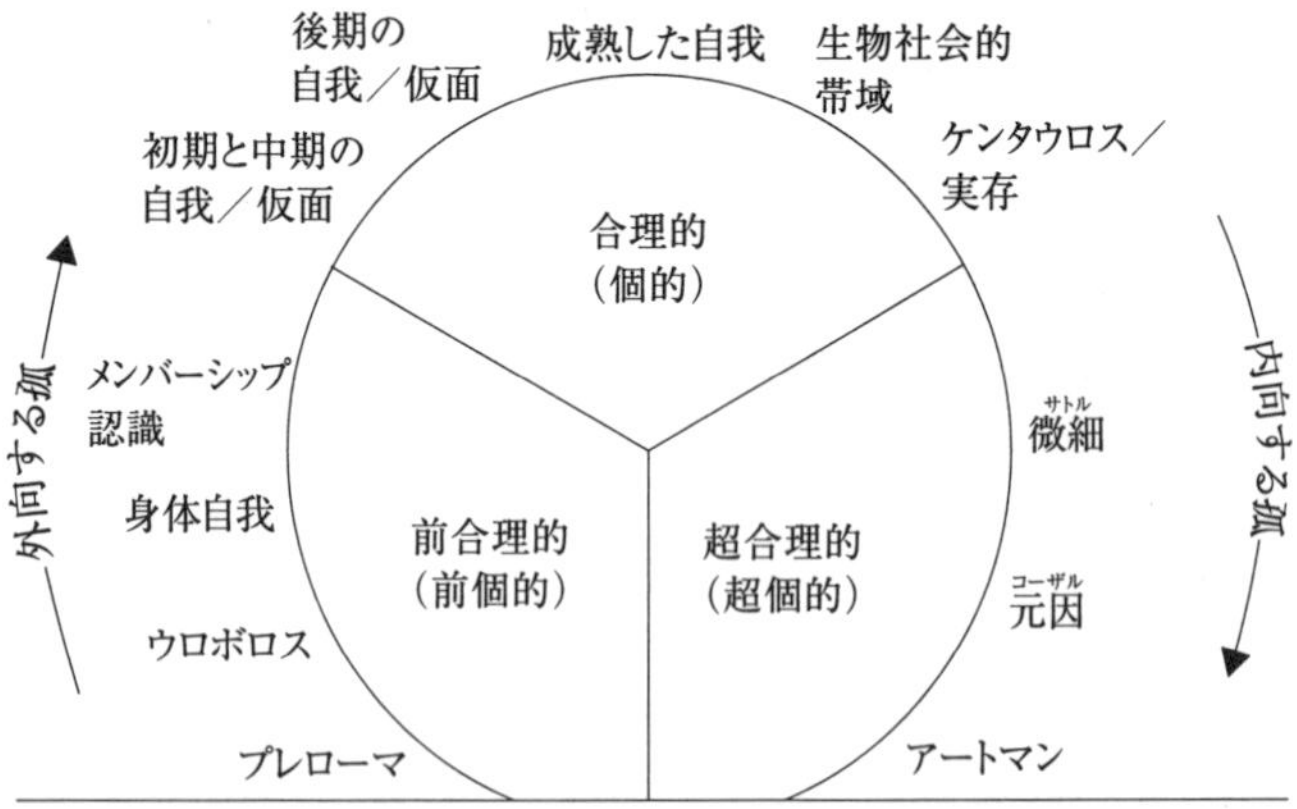

図2　意識発達の図

出典：吉福伸逸『トランスパーソナル・セラピー入門』（平川出版社）84頁

目の著書『アートマン・プロジェクト』で展開された。この書でも彼は巧みな標識（図2参照）を使って説明している。まず生涯を三分割して、A・前合理的段階（前個的）—B・合理的（個的）—C・超合理的（超個的）としているが、まず気がつかされることは、A段階にプレローマ次元が置かれていることだ。プレローマとは新生児が物質的世界に融合している状態で、知性や霊性まで含んだ状態ではない。これは今までのキリストも和尚も「幼児のごとくあれ」という言への反説の意だ。

ウロボロス。ウロボロスとは幼児のごくボンヤリした自他の区別しか知らない状態。身体的自我＝テュポーン。ここでは幼児は、まず体の感覚によって自他の区別を知るようになる。メンバーシップの自己。その集団の一員として生きていく能力を獲得する段階。

ここからB段階に入る。心的—自我的段階、この段階では、それまでのぼんやりした自己感覚と違った、はっきりした自己概念のまとまりとしての「自我意識」

が徐々に確立されていく。自我概念によって、自分の内側のいろいろな要素・傾向を取りまとめることができるようになると、「健全な自我」が確立されることになる。

ただ後期自我について紹介しておくと、この段階はいわば「成熟した自我」に統合し、しかもそれらが自分のすべてではないと感じ（脱同一化）、それらを超え（俗人超越）始める段階だ。自我の完成を折り返し地点として、図2でいう「外向する弧」は終わり、「内向する弧」が始まる。意識の進化・外化から深化・内化へとなる。

ケンタウロスの領域。意識が言葉を中心にしてできている自我―心を超え、より下のレベルの身体、ペルソナ、影、自我のすべてを統合している。こうして私たちは次第に、次々と文化、統合、超越の度合いが増していくレベルを見てきたわけだ。しかしそのすべては伝統的な心理学がグロス（粗）領域と呼んできたものに属しており、それを超えたC段階の地点にトランスなサトル（微細）領域とコーザル（元因）領域が広がっている。

微細領域。まず第一は微細で、ケンタウロス的に統合された身心さえも超えられ、普通の個体の身心ではあり得ない現象が起きる。しかしここでもウィルバーは慎重に下位微細と上位微細にわける。この境位は、好きな人にはたまらなく心惹かれる領域だろう。

元因領域。成長＝超越―統合のプロセスが続き、さらに統一性が一層高次になり、最終的には「統一されるもの」へと至るのだが、まず上位微細では神々、諸仏、天使たち、諸霊――という形で複数だった元型的な存在が、下位元因領域ではその根源であるただ一つの究極の「神」へ還元され、さらに自己がもともとは「神」であることが開示され、意識そのものも、その光輝との一層レベルの高い同一化を果たすと言う。そして上位元因領域では、一切の形は超えられ、「形なき意識」へと溶けさる。

アートマン。（ここでは和尚の用語法の意味あいとは異なる）これは『般若心経』の「色足是空、空即是色」の世界だ。説明に従えば、「かくして自己の中心は〈元型〉であることが明らかになり、〈元型〉の中心は最終―〈神〉であることが明らかになり、最終―〈神〉の中心は〈無形性〉であることが明らかになったように――〈無形性〉の中心は全〈形象〉世界以外の何者でもないことが明らかになる」と言う。これが「あるがままの真実＝真如」の世界だ。

こうして人間意識の全サイクルが完了するわけであるが、しかし『意識のスペクトル』は、あまりにも精緻で綺麗に整理され過ぎており、人間意識はそんなスマートなものではないという批判もある。悟りへの超越も必ずしもこの順位では進まないとされる。和尚もウィルバーとTP心理学について問われて（傍から見れば同一面もあるが）、所詮心《マインド》の心理学だとしている。いくら資料による研究は進んでも、自らの超越体験がなければ、そうならざるを得ない面があるわけだ。その点和尚の方が体感的な信用性がある。

空としての第七の身体

ところでもし第五身体まで至れば、自由への扉があり、六番目にまで達すれば、神の実現の状態という可能性が出てくる。第六次元に入った時、私たちは彼をブッダ、マハヴィーラ（ジャイナ教の開祖）、ラーマ（叙事詩『ラーマーヤナ』の英雄）、クリシュナ、キリストと呼ぶ。そうなってしまえば、自由か自由でないかといった問題はなくなる。彼は〈それ〉（神）と一つになるのだから。「アハム・ブラフマスミ」――「私は神だ」と宣言するのは、この段階においてだ。

だがそれでもあと一歩が残っている。ここにはアハムもなければ、ブラフマンもない。我と汝というものが完全に存在しないところ、完全で絶対的な空のあるところ、それがニルヴァーナ（涅槃）の世界なのだ。

瞑想における最後の問題点は、ブラフマン自体である。第五身体までなら、非常に科学的な手法の下に探究は進められる。すべて説明がつく。第六の次元では、科学が認識できる範囲から次第に遠のいていき、すべてが意味のないように思えてくる。自己の実存が消え去るために最終的に月を指し示す自分の指は折れ、また暗示ももはや存在しなくなる。だから究極の実存を理解できるのは、第六身体からだ。

それゆえブラフマンを探究する者は、両眼の間にある眉間のアジナ・チャクラの地点に瞑想する。このチャクラはコズミック体に繋がっている。このチャクラに完璧に働きかけた人々は、第三の目が観照する広大無辺の広がりを目のあたりに見ると言い始める。彼らが見渡している宇宙的なものや無限なるものは、この第三の目からのものだ。

しかしそれでもまだこれを越えていく、まだもう一つの旅が残っている。第七身体に達した今やそこにあるのは、実存だけだ。しかし実存に対するに非実存もまた存在する。実存、「在るということ」は知っている。が、さらに非実存もまたなし遂げられねばならない。それはまだ知られてもいない。

非実存へ、非存在への旅だ。

存在は物語の半分に過ぎず、それには非存在というものもある。光が存在していれば、もう一方には闇がある。生は一部であり、死も存在している。だから残された非存在、空についても知る必要があるのだ。なぜなら究極の真理は、存在と非存在の両方を知って初めて理解できるからだ。実存をまるごと理解し、非実存をまるごと理解する。それでこそ理解は完全なものとなる。つまり全体を知ることだ。

ニルヴァーナ・カヤ（涅槃《ねはん》体）は、シュンニャ・カヤ、すなわち実存から非実存へとジャンプする。空なる境地という意味だ。コズミック体では、何かが依然として未知のままだ。あらざるもの、まったくかき消されてしまうものについても、知っておくべきだ。だからこそ第七の次元がある意味では究極の死となる。ニルヴァーナ（涅槃）とは、炎が消滅するという意味だ。「私」であったものは消える。「在る」ことは消える。しかし今、すべてのものと一つになることによって、人は再び実存へと回帰する。それでも今や、「我はブラフマンなり」の状態もまた捨て去らねばならない。最後に至るジャンプへの準備ができてこそ、人は存在、そして非存在をも知る。

これが七つの身体だ。ブッダの生涯には、二つのニルヴァーナが記されている。一つのそれはニランジャナ川の岸辺の菩提樹の元で成就された。これがニルヴァーナだ。その日彼は第六身体の際に立った。彼がなくなった日は、マハバリ・ニルヴァーナと呼ばれる。その日、彼は第七の次元に入った。第七の次元について知られていることは、すべて境界線に立った人から伝えられたことだ。そこに行った人々の報告はほとんどない。

聖典が第五身体、もしくはせいぜいがんばっても第六身体の段階までで終わるのは、このためだ。完全な科学気質の人は、第五身体の後のことについては語らない。果てしなき無限の宇宙の真理はそこから始まるのだが、スーフィのような神秘家は第五身体の先の次元についても語る。その次元を語ることはとても難しい。なぜなら神の存在、非存在についても、幾度となく自分に矛盾しなければならないからだ。

神秘性は第六の次元から始まる。だから神秘性のない宗教は、第五身体で終わっているのだと理解しなさい。しかし神秘性もまた最終的段階ではない。究極は空——無だ。神秘性で終わっている宗教は、第六身体で終わる。究極は空、究極はニヒリズム（虚無主義）だ。なぜなら後はもう語られるべきものは何もないからだ。

第七身体は、何の身体も持たないニルヴァーナの、体であり体なき状態で、神さえない無形の状態だ。これこそ空だけが残る究極の状態だ。

第六章　私、あなた、小鳥、樹木、岩が神

組織集団に神なし

「神」とは何か？　この項目ばかりは、単独の著者による独断に陥る弊害を避けるためにニュートラルな記事とされる百科事典の何種かに当たってみた。その中でもっとも筆者に正当で、納得のいく解説と思われたものに二種あった。一はA・『日本百科大事典』（谷口茂）、二はB・『万有百科大事典』（藤田富雄）だ。

その両者の要点を紹介すると、A事典においては神観念の発達として、二種あげている。一は宗教史学者の間でごく最近まで支配力あったもので、進化論の影響を受けた神観念発達段階説だ。それによれば超自然的な力を持つ、目に見えない存在の信念が、人間の発達に従って、霊魂―精霊―魔神―神という順に次第にその権能を強めながら、そしてより人格性をおびて具体化されてきたとし、こうしてできた神は、その発達の初期段階では多くの神々であり、これらを崇拝する形の宗教がいわゆる多神教だ。

次に神々は各個ばらばらの立場を持つのではなく、夫婦、親子、親族等神々の系譜がつくられた。

この発達の過程には、人間の社会生活との照応が認められるが、これは社会意識が神々の世界に投影された結果として説明される。この多くの神々のうちの一神が最高地位の主宰神と崇められ、他のすべての神々を支配するようになった時、単一宗教と呼ばれ、歴史的にたどることのできる元多神教はほとんどが単一神教的だ。

B事典においては、神観念の変遷ぶりに新鮮さが見られる。世界の諸宗教の中では、非人格的な力の系列に属する宗教よりも、人格的な神霊の系列に属する宗教の方が圧倒的に多数だ。しかし同じ神霊についての理解の仕方も、他の文化との接触や歴史、社会、政治、経済などの変動によって、融合、同化、分裂したりして、たえず変化する。昔から変わらないとされる世界宗教の神観念でさえも、具体的な人格の神から抽象的な究極的価値を担う神へと、重点が次第に移っていく傾向が見られる。

例えば人格神の代表であるキリスト教においても、全知全能という特殊な能力を持った神から人間の生きかたを指導する神へ、奇跡を行う神から啓示を与える神教、支配者としての神から理想像としての神へと、神観念が変化している。

自然科学が発達して自然界は秩序正しい自然法則に基づいて運動しているという考え方が常識になると、自然法則を破って奇跡を行い、特定の人に恩恵を与える神は信じられなくなる。特に最近の欧米における神の死の運動は、伝統的ユダヤ人・キリスト教の天にまします父なる神の死を宣言し、神のないキリスト教を主張するまでになっている。この運動の背景には、神に誠実になろうとして神を求めれば求めるほど、宇宙のどこか外にいる人格神を否定せざるを得なくなるという逆説を示している。

実存的な生きかたを求める試みがあるし、キリスト教を今日の科学的世界に適合させようとして、非神話化、究極的関心、存在の根拠というような用語で、新しく神を定義し直そうとする試みもある。

A事典によって分かることは、神観念の発達段階においては、「人格神」の観念は、世界の宗教史においては比較的後期に生成されたものだ。初めに無―霊魂―精霊―魔神―神とあり、その神も人格になぞらえられたのは、比較的最近のことだ。その意味は神が当初よりますます分身化し、おしゃもじやへっついの名の神までできあがり、神が光輝ある天井から低劣な地上に転落して、御利益宗教に堕したことを意味する。

B事典の神観念の失墜についても、同じことが言える。

今では神の代わりにイエスを強調して隣人のために働こうとする、急進的神学も生まれている。二〇世紀前半を風靡した神中心のバルト神学との対決を目ざし、人間イエスを中心とするキリスト教への大転換を示している。ヒューマニズム的無神論へ移行する過渡期の神学だと評されているが、このような傾向が次第に展開していくと、神観念の人格性はますます失われ、抽象的な神聖から仏教の法という非人格的な観念に近くなってくる。このように神観は決して固定したものではなく、時代に応じて変遷してやまないものだ。

こうした時代にあって、和尚は宗教の世界的大転換を目ざして、東西大統一の一神教を勃興させようとしている。その智慧と熱願はこの世を脱出した後も、世界において着々と行われれ、真に生き甲斐ある宗教の展望が開けてきている。

存在に創造はない

それでは改めてこれまでのような瞑想を通じた人間変容をもってして、和尚の到達点としての神とはいかなるものか？　それを直接語る前に和尚の、世の人の大半が選んでいるいわゆる「快楽」なるものに対しての一撃の痛棒を加えておこう。

苦しみを選ぶ者は誰もいない。あらゆる者が、快楽を間接的に選んでいる。しかしもし人が快楽を選んだとしたら、それは苦しみを選んだということだ。あらゆる快楽が、最後には痛みとなって帰ってくる。苦痛は、快楽の切っても切り離せない部分、快楽の尻尾なのだ。快楽を探すことは幻だ。あなたが最後に達成するものは決して快楽ではない。

それを外側から見ると、誰かが快楽を選べば、それは肯定的努力だ。野心、達成、そして頂点の次には転落の苦しみがやってくる。あなたは天国を選択したのに、地獄へと入ってしまっている。快楽とは、積極的探究のことだ。だが幸福は消極的だ。それは何かの現存ではない。それは何かの不在だ。そう、苦しみの不在だ。だから快楽を選択してはならない。そうすれば苦しみは自動的になくなる。そして快楽も苦しみもない時、幸福と至福がある。一見それは消極的に見えて、内側から見れば積極的なものだ。

そもそもこの世の存在においては何一つ創造されていない。それは継続した終わりのない「始まり」なのだ。「存在」は常に存在している。この世界、創造物は常に流動している。だが何一つ創造されることも、破壊されることもありえない。確かに変化は現実だ。しかしそれは形態——表現形式、方法、形だけの変化であって、本質の変化ではない。基本は常に同じままだ。それは束の間の快楽とは異なり、永遠だ。

だからこの宇宙にあっては、物も魂も創造されていない。物でさえ創造されていないなら、魂の創造という概念は馬鹿げている。だがいわゆる宗教的なマインドにとっては、創造は重要なことに見える。なぜなら私たちは神を創造主として考えてきたし、もし創造物がなければ、創造主もいないことになる。神は創造主ではない。もとより人物ではない。神＝人物、それは人類史の中の最大の誤解の一つだ。

神とは、それ自身が臨在であり、一個の存在だ。神とは区分けされた何かではなく、現実の本質そのもののことだ。彼はリアリティの創造主ではなく、リアリティそのものだ。神とは沈黙、美、至福、内なる祝祭の境地の究極の体験だ。従って神とは単に神性、神々しさのことだ。この事実ゆえにブッダは神の存在を否定した。それゆえにすべての礼拝は、まったくの愚行でしかない。祈りではなく、祈りに満ちた状態が必要だ。ブッダは神とは質であり、体験であることを強調したかった——ちょうど愛のように。

別の見方をして見よう。「神を創ったのは誰か?」とは誰も尋ねない。もしそれを尋ねたら、その質問は過去へと果てしなく続くどうどう巡りに陥るからだ。私たちには神を創られたものとしては考えられない。なぜならもし彼が創られたものなら、彼は神ではないからだ。彼は一個の物になってしまう。魂についても同じことが言える。

今や科学でさえも、この宇宙は何一つ創れないし、破壊もできないことに気づいている。例え物質がエネルギーへと変換されても、エネルギーが物質へと変換されても、それは破壊でも創造でもない。それは違った形態になるだけで、エネルギーの総量は同じままだ。この全体に分子一つ加えることも、減らすこともできない総量を神というのだ。

しかし私たちの思考は、第二の二元性を創造した。物と心、体と魂、これもまたマインドの創り出した違いだ。真のリアリティの中では、一つのものだけが存在する。「ここが肉体の終わりで、ここが意識の始まりだ」と言えないように、体と魂は二つのものではなく、一つの存在の二つの極なのだ。ただあなたがより意識的になれば魂になり、より無意識的になれば、ただの体となる。その意味ではブッダは魂だった。

それはあるいは奇妙に思えるかもしれない。だがロシアの神秘家グルジェフは、「誰もが魂を持っているわけではない」と言っていた。彼は正しい。誰でもが魂を持っているという概念は誤解を招く。魂とは、あなたがすでに持っている何かのように思える。だがそうではない。それは可能性、存在性――新芽だ。あなたは魂になりうるということだ。もしあなたが完全な覚醒の現実的中心となったら、他人にはあなたが肉体に見えようと、あなたには肉体は存在しないだろうということだ。

裕福さの中の宗教

話は現状に変わるが、和尚は宗教を人間の最後の「贅沢」だと考える。通常の教えとは異なり、宗教は社会が豊かになった時にのみ、意義を持つようになると言う。

今世紀になって初めて、世界の大部分が貧しさから開放された。特にアメリカは人類の歴史上初めて、その豊かさに到達した社会だ。宗教的になるには、あるいは究極の生への問いに興味を持つようになるには、低い階級の人々が欲し、必要とするものすべてを、社会がほんとうに満たしている必要がある。だから和尚にとっては、貧しい社会は宗教的とは言えないと言う。インドが宗教的国家だったのは、その豊かさが頂点に達した時だけだった。例えばブッダの時代は、今日のアメリカのようなものだった。

その頃のインドは、もっとも豊かな国だつた。今日インドにある宗教は、その時代の単なる残存物に過ぎない。かつての時代から在り続けたというだけだ。

貧しい人々の宗教と、豊かな人々の宗教の間には、基本的な違いがある。もし貧しい人々が宗教に興味を持つとしたら、その宗教はただの代用品だ。例え彼が神に祈ったとしても、何か利益となる商品を手に入れたいと祈っているだろう。人間にとっての根本的な問いは、まだ彼には起こっていない。だからマルクスが、「宗教は人々にとっての阿片だ」と言う時、ある意味では正しい。彼らは基本的必要品を手に入れられないでいる。だから彼らは、祈り、瞑想、ヨガ、そして宗教をその必要を満たす代わりにする。

だが豊かな人々にとっては、その次元は基本的に違う。今や彼は、何も経済的価値を望んでいない。彼は生の意味を知りたがっている。それは過去の聖者を見ても同じことだ。クリシュナ、マハヴィーラ、ブッダ、ジャイナ教の二十四人のティルタンカラ（大聖）たち、そしてヒンドゥー教の二十四人の化身たちはすべて裕福な人々だった。インドには貧しい化身は一人もいない。だからこそ和尚は物心の非二元性を説く。

それがキリスト教とヒンドゥー教、仏教との間にある違いの一つだ。キリスト教はいまだに貧しい者の宗教のままだ。それゆえキリスト教は、より高い頂に到達することができない。もし目のある人がヒンドゥー教の教典『ウパニシャッド』を『聖書』と比較するなら、『聖書』は貧相で、子供っぽく見えるだろう。言葉もその体験も、ある意味では同じだ。だがキリスト教は相変わらず、既成宗教のままだ。宗教、即ち組織化された形態の宗教と、個人の神秘的体験とは、二つの異なった事柄だ。

そう、スピリチュアル（精神霊的）な体験とは、あくまで個人的な体験だ。それを社会との関連で言えば、貧しい者が神秘家になることはできるが、貧しい社会は宗教的にはなれないということだ。裕福な者は、宗教的である必要はない。だが、裕福な社会は、宗教を渇望するようになるだろう。社会が裕福になると、新しい問題が持ち上がる。それらの問題は、物質的意味での体や必要性に関するものではなく、もっと心理的なものだ。社会が裕福になれば、あなたは宗教から逃れることはできなくなる。不可能だ。

もし貧しい者が病気になれば、その病気は多かれ少なかれ、体に関するものだ。もし裕福な者が病気になれば、それは多かれ少なかれ心に関わっている。今やアメリカでは、もっと多くの心理学者や精神分析学者が必要になっている。というのも、目下アメリカには、膨大な数の精神異常者がいるからだ。彼らの四人に三人が正常でないと言われている。

だからあなたがお金持ちであれば、関心の九十九％は心へ向けられる。裕福な人一個人は、宗教的ではないかもしれない。また貧しい人一個人は、宗教的かもしれない。だが全体的に見て、貧しい社会には、例えあったとしても、経済的豊かさの代用品としての宗教が関の山だ。そこで祈っている人々は本物ではない。なぜなら、祈っているその人々は、何かを得ようとしているからだ。神は何かの慈善者ではない。

このような和尚の言明は、正しいとか正しくないとかの問題ではない。現実はどうなのか、歴史的流れはどうなのかといった問題だ。時代の新しい傾向の問題だ。その意味では若者が問題だ。新しい物事に興味を持つのは、若者だけだ。年老いた者は、古い物にかなりの投資をしてきているので、新しい物に興味を持てない。自分の気質の中に未来を感じるのは、常に若者だ。年老いた者ではない。過去は老人のよりどころだし、未来は若者のものだ。それがゆえに今若者の支持する真の宗教をこそ！

神とは内なる存在

ということで改めて神であるが、神とは想像上の言葉、僧侶たちが作りだしたチンプンカンプンの言葉だ。実際、神が存在するのかと尋ねることは馬鹿げている。知る者にとっては神はいない。神は単なるbeing（存在）であり、その内なる存在が神なのだ。

この世に「もの」は存在するが、神は存在しない。椅子が存在するのは、椅子が非存在の中に入っていけるからだ。椅子が存在していることに意味はある。なぜならその非存在が可能だからだ。しかし神は違う。神は存在だ。まさに存在そのものだ。私たちが神が存在すると言えば、神という言葉から何かを創りだすことになる。そして神は「もの」になってしまう。だが神は物ではないし、人格でもない。

そして神だから神に何の責任も負わせることはできない。責任とは人格があって初めて生ずるもの、責任を負う誰かがいて生ずるものだ。神は人格ではない。神とは純粋な存在だ。言葉が人を乱すのは、言葉が人格を付与するからだ。だから神というより、「存在」という言葉を使った方が良いだろう。「存在の全体性」が神だ。

だから神はいるかなどと尋ねることはできない。それでは「存在」は存在するかと尋ねるようなものだ。存在は存在するに決まっている。もし存在なくしては、質問すら存在できないし、質問する者も同様、存在不可能になる。従って神はこの世の様々なものの一つではなく、あるものすべてのことだ。あなたが存在するのは神だというのと同じことだ。またテーブルが存在（物）としてあるということも、神がいることと同じだ。

神は人格ではない。なぜなら彼に反するもの、異なるものなど何もないからだ。神が「私」と言うことはできない。なぜなら神にとって「あなた」としての存在など、何一つないからだ。彼は誰とも関わり合えない。彼は全体なのだ。だからすべての関係性は彼の中に存在し、彼を超えては存在できない。神は本来非人格、無―我だ。

神とは存在（神聖）という意味だ。誰にも神は存在するとは言えない。なぜならそれでは同語反復になるからだ。存在は存在、詩は詩であるというようなものだ。誰にとっても、神とは存在だ。そして存在は非人格的なものだ。それ以外ありえない。というのも、「全体」は人格たり得ないからだ。

誰と対比して人格たりうる？

他人の自我が存在するがゆえに、あなたは自我となる。もしあなた以外誰も存在しなかったら、自分自身に気づくことはない。他者なしには自分自身を定義できない。従ってあなた自身の定義は、他者からやってくる。他者を知ることによって、自分自身の限界を感じるようになる。ところが神は自我にはなれない。神には他者はないからだ。

即ち神は自分自身を定義できないのだ。なぜなら定義とは境界線を引くことだからだ。だが「全体」には境界線などどこにもない。「全体」とは、境界線をもたないもの、無限のことだ。この無限を私たちは考えることができない。頭で考えられるものはすべて有限だ。マインドには漠然としたものは考えられない。マインドは定義のはっきりとした境界線を必要とするからだ。そこが神や存在が心《マインド》では理解されないゆえんだ。

だから神には責任というものはない。もし何か悪が存在するとする、それをあなたが誰かに向かって言うわけにもゆかない。宇宙からは何の返事も返ってこないだろう。というのも、存在自体に関するかぎり、「悪」など存在しないからだ。善悪は私たちの姿勢次第で創り出したものだ。例えば誰かを醜いというかもしれない。が、存在には醜さはない。というのも、美も存在しないからだ。区別は人間からきている。存在からではない。

あなたがもし「神が存在しているのに、どうして腐敗がありうるのでしょう」と尋ねるのなら、神はまったくそんなことにお構いなしだということを忘れないで欲しい。腐敗するについてはわけがある。だがそれについて神に責任はないし、全体に責任はない。もし責任の所在をどこかに求めねばならないなら、責任は私たちにある。

私たちの社会は、私たちの自由なる精神が作った。自由なる私たちが社会の設計者なのだ。その自由な精神が作った基礎が科学的でないために、作り上げた全社会の構造が腐敗するのだ。従って自由を求める者は同時に責任も負わねばならない。自由と責任は対のものであって、その責任は絶対に神のものではありえない。もともと自我というものは、ほかの何ものにもましてより不道徳で堕落しているものなのだ。

空の世界の神

続いて全体としての神を探究してみよう。というのもこのような最終場面にある神はとても難しい位置にあるからだ。スタニスラフ・グロフ（『深層からの回帰』）は言う。

「すべてのTPな現象の中でもっとも不可解なものの一つは、空の体験、すなわち原初の空、無、沈黙との出会いである。この途方もない霊的な体験は、非常に逆説的な性質を持っている。空はあらゆる形態を超越したところに存在する。それはあらゆるものの源であるが、それ自体は他の何者にも由来しえない。それは時間と空間を超越している。われわれは空の中に具体的なものを一切認めることができないが、何も失われたものはないという深遠な感覚も存在する。この絶対的な空は、あらゆるものを潜在的な形で含んでいるので、同時にすべての存在を孕んでいるのだ。

空は、通常の因果律の概念をすべて超越する。それを体験した人は、さまざまな形態がこの空から生じ、これといった明白な原因や理由もなく、現象世界に存在するようになるか、元型として存在するようになるという事実を鋭敏に自覚するようになる」。

空は人間が思い描くのさえ難しい。ブッダはまったく誤解された。仏教がインドから根こそぎ消え去ったのも、ブッダが「神はいない」と言ったからだ。もし神がいたら、あなたは完全には空になれない。自分はいなくなっても神がいる――神的存在がいる。またブッダは「魂は存在しない」とも言った。もし魂つまり「アートマン」が存在したら、その背後にエゴを隠すこともできる。もし自分の中に自己なるものがあったら、完全には空になれなくなる。こうした空の技法への地ならしとして、ブッダはすべてを否定した。

どこにもモクシャや目的地はない。生は無意味で、無目的なのだ。

最終地点では瞑想者は自分の瞑想を落とし、愛する人は愛についてのすべてを忘れてしまわなければならない。ブッダは言った。どの技法も筏のような、小舟だ。向こう岸にいくためにそれを使いなさい。だがその後はそれを置き去りにして、頭の上に筏を乗せて運ぶ必要はない。しかしこれが現在起こっていることだ。大変多くの人が技法に中毒しすぎている。そして技法はやみつきになり得る。最後の障害は瞑想技法だ。

究極段階ではむろん神秘主義も超えられる。コズミック（宇宙）でさえ全体ではない。非在はそれを超えているからだ。だから神でさえ全体ではない。神はブラフマン（宇宙の最高神）の一部に過ぎない。神はブラフマンそのものではない。ブラフマンとは光と闇を合わせたもの、生と死を合わせたもの、実在と非在を合わせたもののすべてを意味する。神は死ではなく、生でしかない。神は非在ではなく、実在でしかない。神は闇ではなく、光でしかない。神はすべてではなく、全一なる存在の部分に過ぎない。全体を知るということは、無になることだ。無の状態だけが全体性を知ることができる。第七身体にとって、全体性とは無の状態のことであり、無の状態だけが唯一の全体性だ。

神は創造者と破壊者の両方だ。神はアダムを創造したが、アダムは悪いことをしたために追放された。では、誰が一体悪に向かう強い傾向を作ったのか。神にこそその責任はある。神の方が罰せられてしかるべきだ。近年アメリカに「悪魔の教会」が造られた。それは一理ある。確かに悪魔は弱い神より強いからだ。しかしこうした二元論によって神を悪魔から救おうとすると、いろいろな問題が生じる。だからインドではこうした二元論はなかった。インドでは「神は両方だ」と言われる。創造者と破壊者、善と悪の両方だ。インド人が探ろうとしていたのは、「存在」の最深の神秘だ。その神格とは一如だ。

否定と肯定の双方がどこかで出会う。その出会いの地点をどう呼んだらいいか。私たちの場合、究極、肯定か否定かどちらかの用語を使うしかない。肯定的な用語では、存在、神、絶対、ブラフマンなどになる。否定的用語なら、ニルヴァーナ（涅槃《ねはん》）、無、シュンニャ（空）、非存在、アナートマ等になる。しかしこの両方とも同じものを示す。神は両方だ。あなたの内なる存在も両方だ。どちらで呼ぶかは、あなた次第だ。

人間には二種ある。一方は否定性に何の親近感も持てない種類の人。他方は肯定性に何の親近感も持てない種類の人。これでいくとブッダは否定的な方の部類だった。それですべてに否定的な用語を使う。シャンカラは否定的に何の親近感も感じない。それで彼は究極の真実を肯定的な用語で呼ぶ。

しかしどちらも同じことを言っているのだ。ブッダは「空」「無」と呼び、シャンカラは「絶対」「すべて」と呼ぶ。

第三部

この地上においていかに生きるか？

第一章　タオの要諦、無為自然と無用の用を説く

われは無為自然の道

それではこれまでのような自己超越を経て、人はどのようにして現実のこの社会をわたっていくのか（下降図参照）、それを言うと、まず和尚は老荘のタオに見習えとする。

タオ（道）とは神のもう一つの名前、神よりもはるかに美しい名前だ。なぜなら神は「神」という言葉は、聖職者たちによって完全に食い物にされてきたからだ。彼らは神の名の下に長いこと搾取してきたので、その言葉さえも汚れたものになってしまった――それは吐き気を催すようなものになった。なぜならそれはいつの時代にも、神の名の下に、宗教の名の下に、地上で起こったすべてのナンセンスを思い起こさせるからだ。

タオはその意味ではこの上もなく美しい。タオは人物のイメージを与えないから、タオを崇拝することはできない。それは単に原理であって、人物ではない。原理を崇拝することはできない――タオに祈ることはできない。原理に祈るなんて滑稽に見えるし、それはまったく馬鹿げている。あなたは重力に祈ったりはしない。

ウイルバーの意識変容論

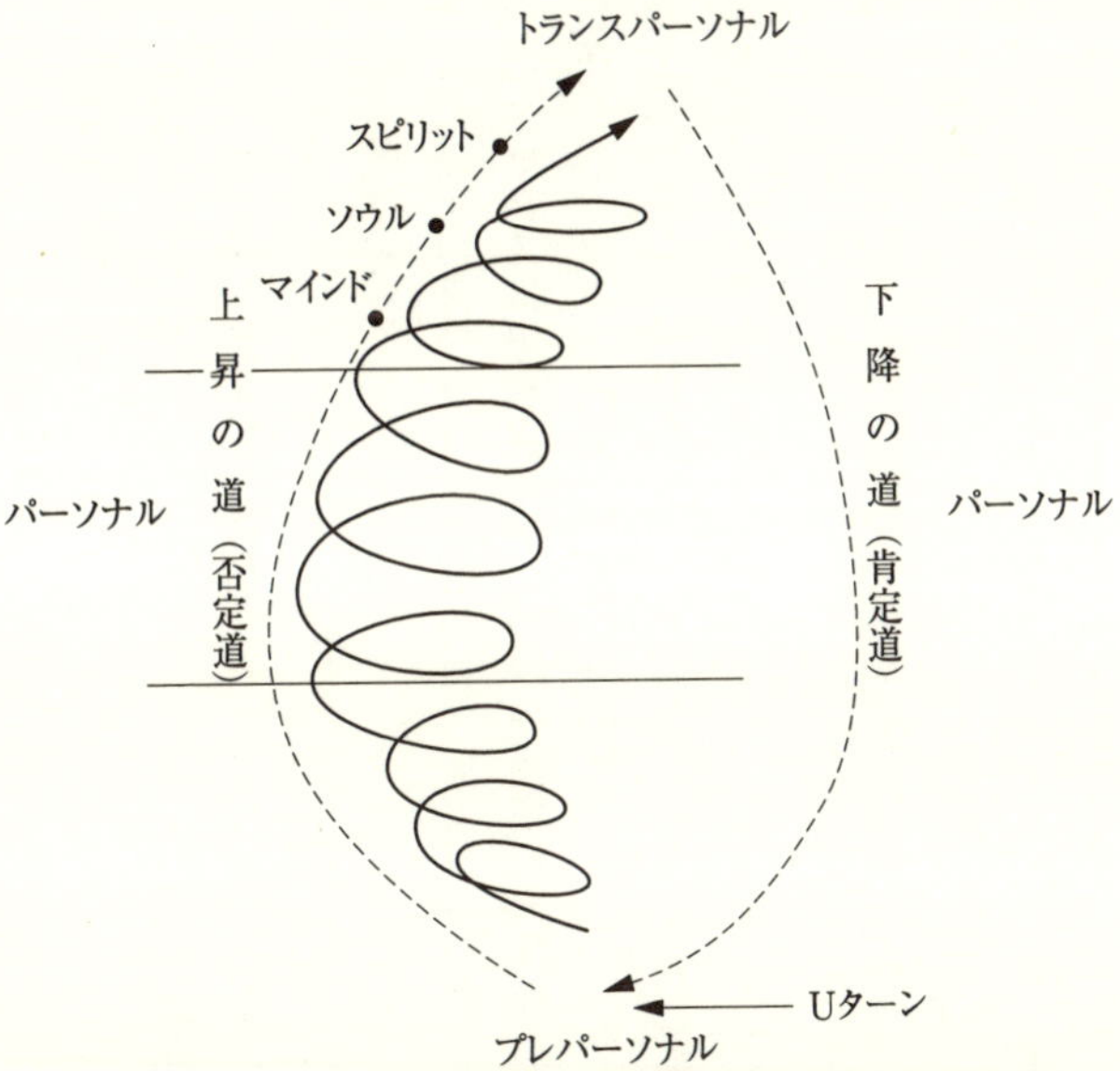

出典：諸富祥彦『トランスパーソナル心理学入門』（講談社）106頁

タオは、単に存在全体を一つにまとめる究極の原理を意味する。「存在」はカオス（混沌）ではない、ということだけは確かだ。そこにはこの上もない秩序、本質的な秩序があり、その秩序に付けられた名前がタオだ。タオはまさしく全体の調和にほかならない。

タオのために寺院が建てられたことはなかった。神像も、祈りも、僧侶も、儀式もない。それがその美しさだ。だから和尚はそれを「教義」「宗教」とは呼ばない。それを仏教式に「ダンマ（法）」と呼ぶことができる。それがタオに相当するブッダの言葉だ。

英語でタオに近い、多分一番近い言葉は、頭文字が大文字のNature（自然、本性＝必然、洞察）だろう。

和尚はこのタオの開祖老子をこよな

く愛している。「老子のことをしゃべる時、私はあたかも私自身のことをしゃべるかのようにしゃべる」と言う。ブッダは空を飛ぶ。彼には地上部分がない。「老子は天と地をまとめた両方だ」ということで和尚と波長があう。

老子は世を行くには、「すべてをありのままに受け取れ、選ぶな」と言う。心《マインド》によって生を選ばないこと、生をくるがままに生きなさい。浮かび漂うがいい。どこに着くどんな努力もしないこと。瞬間を、その全体性において楽しんでごらん。過去や未来に邪魔されないで、その生を「無選択」に生きなさいと呼びかける。

こうした老子の呼びかけは、表現においてはいわゆるパラドクス（逆説的）に満ちた体裁を取る。老子のパラドクスはそれ自体、心《マインド》の好む論理的一貫性ではなく、非論理的なるがゆえに瞑想なのだ。その数多くのパラドクスの中で常に基調音となっているものは「無為」である。「無為」とは行為なき行為を意味する。無行為のような行為のこと。それは活動的でいて、しかも同時に活動的でないことを意味する。いわばタイフーンのセンターであり、いつもいつもdoer（やり手）でいないことを意味する。

非活動が活動の中に入り込む、活動が非活動になる時、二元対立はそのバランスの中で消えてしまう。その時あなたは超越している。タオは超越だ。じっと座っていれば、静かに座って、何もしないでいれば、草はひとりでに生えるものだ。そうした時、努力、作為は停止している。あらゆる努力を落とすこと。ただ静かに座ること。内を見ること。それが無為で、「なること」ではなく、「在ること」を学ぶ者がタオイストだ。

在ることを知れば、ものごとがひとりでに起こりはじめる。全体がすべてを知る。だからあなたがするんじゃない。ただ起こるのだ。あなたの作為なしに、しない人たちだ。する人たちも、ものごとをやる

途方もないことをやり遂げた人たちというのは、しない人たちだ。する人たちも、ものごとをやるように見える。が、そういうものは長続きしない。アレキサンダー、ナポレオン、ヒットラー――彼らは必死になってものごとをやろうとした。彼らの仕業は何千、何万という人たちに高い代価を支払わせ、自分自身にも高いものに付いた。

それに対しブッダを見てごらん、老子を、イエスを――。これは違った種類の開花だ。何世紀もが経ち、時代が移り変わるが、全体に味方した老子は花開き続けている。老子はヒットラーやムッソリーニよりもはるかに「同時代人」の人だ。彼は無為において、リラックスによって、全面的な明け渡しの教えによって、今も生存している。

現代物理学との近接性

これまでにおいて、人間志向の面では「無為自然」「無用の用」を説く老子、荘子のありようについては、単に中国古代人の夢想とでも呼ぶべき地位に相当すると見なされがちだった。しかし今や逆に今日の科学の進展において、ますます両者の近似性が高まってきているとするのが、ＴＰ心理学の社会的背景となっているニュー・サイエンスのリーダー、フリッチョフ・カプラ（『タオ自然学』）の言だ。

ことにその宇宙論的観察においては、「神秘的傾向の強いタオイズムは、現代物理学との関連がとくに深い」と言う。ヒンドゥー教や仏教と同じように、タオイズムも理性的知識よりも直観的智慧に重点を置く。理性的思考の限界と相似性を認めているのだ。タオイズムは基本的にはこの世界からの開放の道であり、世間的な風習からの自由を意味している。タオイズムは他の東洋思想に較べて、慣習知識や論理に対して特に懐疑的だ。

しかし彼らが社会の慣習や道徳基準に関心を抱かなかった分だけ、自然の観察にすべての関心を注いだ。そのため本質的には非常に科学的な姿勢を持つようになった。分析嫌いのために本格的科学理論を打ち立てるには至らなかったが、自然の注意深い観察と鋭い神秘的直観によって、タオの賢者は現代科学の学説に通ずる深遠な洞察力を身につけた。中でも重要なのは、「変化」を自然の本質的要素ととらえていることだ。

タオイストは自然界のすべての変化を対局、すなわち「陰」と「陽」のダイナミズムの相互作用の現れととらえる。対立関係にある対は、すべて両極がダイナミックに関連しあう一つの極関係にある。これは西洋人にはとても認めがたい説だ。相入れないと信じ込んでいたものが、実は同じものの別な側面であるというのは、逆説的に思えるからだ。しかし東洋では「あらゆる対立の超越」がなければ、悟りに至らないとされてきた。

タオの動きは、対極の絶え間ない相互作用であるという概念から、対人間においても逆説的な独特なルールが引き出された。まず何かを得たい時には、その逆から始める。また善悪の相対性を認める賢者は、善のみでなく、善と悪のバランスを維持しようと努める。このタオイストの概念を理解するに大事なのは、変化とは何かの力が加わって起きるのではなく、内在する自然で自発的なものによるということだ。つまりタオイストにとって、自然と調和とした行動とはその人の本性に従い、自発的に行動することだ。

この東洋の世界観の本質と言える極めて重要な特質性は、万物は一体で相互に関連しているという根本的合一性にある。あらゆるものごとを、宇宙全体の中の相互に関連しあった不可分の部分と受け止め、同じ究極的リアリティが別な形をとって現れたものだとみなす。このものごとの根本的合一は、東洋の神秘的体験の中心的特質であるだけでなく、現代物理学が明らかにした重要な事実でもある。

それは原子のレベルでも明確だが、素粒子の領域にまで掘り下げていくと、なおはっきりする。素粒子物理学のさまざまなモデルを研究していくと、その現れ方に、差はあっても、同じ考え方が繰り返し明らかにされていく。物質の構成物およびそれを含む基本的現象は、どれも相互に結ばれ、関連を持ち、依存しあっているのだ。

量子論はこのようなものごとの根本的結びつきを暴き出す。それは独立して存在する最小単位に世界を分離できないことを物語っている。物質に分け入っていくと、それが粒子でできていることがわかるが、その粒子は、デモクリトスやニュートンが言う「基本的構成要素」ではない。それは単なる理想化であって、実用的な立場からは役立つが、何の本来的意味も持っていないことがわかるのだ。

ニュートンのような力学的な古典物理学は、通常の物理現象の記述には有効で、役立っている。しかし極微の世界の現象を記述するには、ふさわしくない。力学的世界観と対立する神秘思想は、オーガニック（有機体的）という言葉で要約できるが、これは宇宙の全現象を、分離不能な調和ある全体の中の部分としてとらえる考え方だ。日常では、力学的な見方も、有機体的見方もともに有効かつ有益だ。しかし一度日常の世界を超えると、力学的概念は有効性を失い、神秘家が使う有機体的概念に転換していかなければならない。これこそが現代の物理学者に訪れた体験の本質をなすものだ。

しかもともに観測し、観測を唯一の知識の源だとする点は共通している。

無用の用に生きる

老子の弟子荘子は主音は師によって弾かれたため、その応用を小話や比喩においてなしている。両者のその全体的シンフォニーはまったく調和している。しかし若干力点が異なっている。その相違点は（これは老子の言でもあるが）、「無用の用」というものをしきりとあげていることだ。一般的に無用なものと見えるものこそ、ほんとうに有用なものであって、これがその事物の価値を与えると言う。

そもそも有用に価値があるのは、無用に価値があるからだ。

そこで荘子は無用なものを賞賛する。その典型的な適例は老子のとる「器」にあろう。器はどんなに形が見事で、天下のいかなる名工の手になるものとは言え、所詮必要（＝有用、重要）なのは、その外壁である陶器の部分ではなく、一見無用とも思われる中の空間にある。同様に何億とかけた豪邸と言えども、真に必要な部分はその外側のきらびやかさにあるのではなく、中のただの空間に過ぎない居室にあると言わねばならない。

どんな重要な場所でも、無用な大地が有用の大地を支えている。そして無用の方がはるかに広大で、有用な方は極めて小さい。

　荘子の話の一つにせむしの男の話がある。そのせむしの住む街の男は、全員強制的に軍隊に入れられていた。彼らは戦場で役に立つからだ。ただ一人せむしの男だけが役に立たないものだからあとに残されていた。これを見て荘子は言った。「せむしのようになることだ。あまり無用なため、闘いの中で殺されることもない」と。

　彼ら、有用なものは常に困難な目に合う。世間はあなたをめっきりと使おうとする。あなたの能力を操り、肉体を管理しようとする。それがもしあなたが無用なものだったら、誰もあなたに見向きもしないだろう。人々はあなたのことなど放っておく。そのために村の強者青年たちはみな死んだものの、一人彼せむし男だけが生き残った。荘子はその観点から、「生き残るには、機敏にして、あまり有用な人間にならないことだ」「無用とは有用のもう一つの観点だ」と言っている。

　瞑想とは、まさに無になること、空っぽになること、「何でもない人」になることだ。もし誰かのうちに怒りを生じさせてしまったら、あなたが船の中にいたのに違いないと思ったがいい。まもなくあなたの船が空になった時には、衝突しなくなる。葛藤も怒りも暴力も一切なくなる。何もなくなる。このないことこそ天恵だ。無こそ祝福だ。

　ブッダのような人はまったく役立たずだ。一体ブッダは何を生み出したかね？　詩、彫刻、絵、あるいは社会――？　彼はまったく非生産的だ。何一つ生み出していない。もし世界が有徳であったら、あるのは「遊び」であって生産ではない。そうなったらことの全体は単なるゲームとなる。あなたは楽しみこそすれ、他は必要としない。

世の中を行くには、競争してはいけない、比較してはいけない。比較したらあなたは取り逃がす。その時にはあなたは常に他者を見ていることになる。この世に二人として同じ人間はいない。あり得ない。どの個人もユニーク（独自）であり、どの個人も優越しているのだ。宗教にあっては比較は不可能だ。あなたはただ単純に祈る。この比較されることのない祈り、比較不可能な瞑想が、あなたを「実在」すべてに固有の優越性に導く。

また真実で現実なるもの、それらはすべてが必ず自在で臨機応変だ。従ってそれらは計画することはできない。計画した瞬間すべてがおかしくなる。

生は計画などてんから知らない。自分自身それだけで充分だ。樹はどのように成長し、どのように成熟し、どのように花を開かせるか計画するかね？　樹はそれを意識することすらせず、ただ成長するだけだ。そこに自意識はない、分離はない。人は計画し始めるとあなたは自分を分割する、あなたは二つになる。コントロールする者とコントロールされる者の二つに――。と、葛藤が生じる。こうなったらあなたは決して平和ではない。

ただ瞬間から瞬間へと、未知の内に動いてゆくこと。それで一体何が悪い？　あなたはそこに在ってそのまま対応すればいい。状況が例えどんなものであっても、あなたはそこにあって対応すればいい。ただし対応と反応とは異なる。対応とは充分自覚的なもので必ず解決を与えてくれるが、反応は無自覚的なものに過ぎず、答えはない。

実際、荘子は選択なき生を生きた。だから彼には選択なき死を死ぬ用意がある。

柔らかい水の生

老子は絶えず、あなたがリラックスできるということを強調して止まない。彼が強者でなく、弱者を賞賛するのはそのためだ。強者はリラックスできないから――。

水は絶えず流れていて、自由自在だ。存在の「全体」から与えられた形がどのようなものであれ、水はその形をとる。水は自分のマインドなど持ち合わせない。コップに入れれば、コップの形をとる。それは無抵抗だ。それは非暴力、非侵略的だ。

しかし岩となるとどうだろう？　岩にはマインドがある。もしそれに無理な力をかけようものなら、岩は抵抗するだろう。岩は心《マインド》、水は無心《ノーマインド》だ。これは二つの象徴と言える。老子は言う。水のようであれ、と。それほど老子は途方もなく水を愛している。

水のあらゆる質が、老子にとっては非常な意味を含んでいる。まず一つ目、水は柔らかいものの代表で、それ自体の形を持たない。人間も何の形もマインドも持たず、何のイデオロギーも持たない水のようにあるべきだ。もしヒンドゥー教徒や回教徒であったなら、岩のようだと言える。彼らにはある一定の信条がある。それが一つの「形」だ。

何の信条も、何のイデオロギーも、何の形も持たない人、またどんな教会にも属さない人は、流れている。水のようだ。どこへ行こうと、どんな状況が訪れようと、彼は俊敏に感応する。彼は常に現在において感応する。イデオロギーの人というのは、決して現在にいない。彼はイデオロギーに基づいて反応するだけだ。

二つ目に、水は、常に低い方へ低い方へと流れている。低い場所、谷間を探し求めている。決して上の方へ行こうとしないこと。なぜなら、そうしたところには争いがあるからだ。誰もが上へ上がろうとしている。決して大都市へ行かないこと。そこには競争が、嫉妬が、闘いが、紛争がある。誰も行かない谷間へ向かうがいい。それは低いところへ行けば行くほど、それだけ競争が少ないから、あなたは誰とも闘わないからだ。

もし誰かと闘っていたら、一つ確実なことがある。あなたは自分自身を生きることができないということだ。全エネルギーが闘争と化してしまう。だからして水のようでありなさい。老子は言う。「私の天国は、低いところ。私が私自身であることができ、私も誰一人煩わせない、世界で一番低い場所にある」と。

三つ目に、水は柔弱にして鋼鉄をも打ち負かす。滝を見にいってごらん。岩石は実に堅く、水はこの上もなく柔らかいのに、岩石はだんだんと消え失せてゆく。科学者たちによれば、七千年のうちにナイアガラの滝も消え失せてしまうと言う。弱さの中にも、微妙な強さがあるのだ。つまり女性は弱く、男性は強い。が、常に女が勝ち、男は負ける。

なぜ女性がかくも強くなるのだろう? 弱さが彼女らの秘密だ。彼女らは水のように弱い。男は岩石のように強い。しかし最後になって勝利を得るのは女だ。それは自然なことだ。世の中、万事は女性原理が勝つものだ。もし女を愛したら、あなたは負けている。そして堅いものが負かされ、柔らかいものが勝つのはいいことだ。

そして常に覚えておくがいい。なされることが何であるにしろ、それはすべて存在の「全体」によってなされるのだ。あなたがそのdoer（やり手）ではない。これがエゴの明け渡しだ。自分はなし手ではない。これがギーター（インド古代の叙事詩）のメッセージのすべてだ。「全体」になさしめて、自分は割り込まない。もし割り込んでいったら、あなたは罪を犯すことになる。もしあなたが「呼吸をしているのは自分だ」と言ったら、それは一つの罪になるのだ。

どうして自分で呼吸などできる？　ことに新生児は絶対に不可能だ。もし「〈彼〉が呼吸している」と言えば、それは徳となる。そしてこれはただ言葉の上だけでなく、あなたがそれをその全体性において感じなければならない。そうした時あなたは重荷から開放されている。そしてもし「彼＝神」がなし手だとしたら、どうして自分が思い悩むことがある？　そうしたらあなたはどこの土地へたどり着こうとあせることはない。

老子と荘子の「タオ」の基本的な法則の一つ、それはもしあなたが臨機応変に自在であったら、それこそが最高の祈り、というものだ。老子はタオとは自然に流れていることを意味すると言う。深い手放しの中にいて、生と闘わず、受け入れている。川を押し流すのではなく、川とともに漂ってゆく。その時あなたは「神」を見逃し得ない。何をしようとも「神」に達する。だから老子も荘子も決して「神」については語らない。

老子とアナーキズム

このような老荘風の体験者である和尚は、それでは一体どのような社会体制を目指していたのであろうか？　気になるところである。

和尚自身は〔ブッダの講話には千と一つの矛盾があったし、私の講話も同様千と一つの矛盾がある〕と自ら語り、グルジェフ流に聴くものを注意混乱させるために意図的に矛盾した話し方もしている。しかも過去はすでに過ぎ、未来はまだやってきていないので、現在在るのみ、ということで社会の未来展望には無関心、語ろうとしない。しかしそれでいて、未来構想に触れざるを得ず、基本的ありようについては述べている。

老子の徒ということであれば、必然的にそこから引き出される社会構想はアナーキズムだ。中国の清末民初のアナーキストたちもみな、自国のアナーキズムの祖として、老子をあげてきたものだ。和尚は青年時社会主義の研究にも走ったと言われているが、その中で当然アナーキズムの存在を知ったに違いない。〈アナーキズムの意は一般的には無政府主義とされるが、原義から言えば無強権主義ということだ〉

そもそもアナーキズムというものは、マルクス主義と大いに異なって、人間のパーソナリティと直接一体的な思想であり、一旦覚えた内容は容易に離れえないものとして定着する類の社会思想なのだ。そこで当然和尚の血の中に流れているものも、アナーキズムと予測されるが、話す言葉のはしばしからもそのことが伺える。

和尚は語る。「老子は完全なアナーキストだ」「もし大半の人類が正常だとしたら、その時には、もちろん老子は異常だ。もし第一のタイプ〈覚醒の人〉の人間が世の中に存在したら、政府などというものはなかっただろう。そんな必要は何もない。そこには無政府状態があったに違いない。統治の必要など何もなかっただろう。なぜならば、人々は自分たちの内なる規律によって生きただろうからだ」。「もし第一のタイプが存在すれば、その時には、民主制は自動的に無政府主義的な政府へと変わってゆくだろう。それこそ最良の世界だ。何の政府も、あるいはほとんど何の政府も必要ない」。それはほんの小さな物事のために少数官僚が必要なだけだ。

かくして和尚は社会思想家とすれば、アナーキストと呼ばざるをえないが、しかし彼のアナーキズムはあくまで遠い未来の予測、当面の次善策としての構想は別にある。

それはまず今ある民主主義の否定だ。彼の言葉によれば、〔優れた知識というものはみな上からやって来るものであって、下からは上がってこないものだ。羊群のような質の低い民が選挙で人を選べば、必然的にそれ以下の人材が統治者にならざるを得ない〕というのが原則論である。続けて和尚は次のように言う。「民主主義とはサルたちが選挙で決めるということ——。アリストクラシー（貴族政治）とは、賢人が取り決めを選び、サルたちがそれに譲歩して従うということだ。もし貴族政治が適正に運ばれたなら、これ以上うまくいくものはない。民主政治とは混乱して当然のものだ」。

そのアリストクラシーの実態はどんなものかと言えば、「実力主義」の政治ということだと言う。実力主義とは、ある特定の分野で実力教育を受けた人々しか、その分野で立候補も投票もできないということを意味する。例えばその国の教育者たちだけが文部大臣を選ぶべきだ。そうすればあなた方は可能な限り最良の文部大臣を持つことになる。

同様に大蔵大臣には、財政を知っている人、経済通を選ぶべきだ。しかしこの選択は経済学や財政問題の知識人によってだけ可能だ。こうしてあらゆる役職において、選ばれる人は、専門家によって選ばれるべきだ。この考え方が実力主義だ。次はその人々が大統領や首相を選ぶことができる。しかもその投票権者は少なくとも大学院の学位を持つ人たちだけが投票できるようにする。（違った箇所では高校卒以上とある。これは多分その土地の条件によるの意だろう。）

これを言い換えれば、未来は政治家ではなく、科学者のものだ。政治家は、科学者の前ではすでに無知だからだ。一度政府が科学者の手に渡れば、すべてが可能だ。なぜなら和尚は科学を「客観宗教」と呼び、宗教を「主観的科学」と呼んでいるからだ。そして何れは科学者から宗教人への要望が高まる。科学者は人間のわかる賢者や聖者を必要とするからだ。

このような実力主義政府ができた次の段階においては、世界を一つに統合する世界政府を樹立することだ。もし各国家の武器が全部世界政府に集結されれば、国家間にどんな戦争が起きる？　世界政府の実現で、生は確かに生きるに値する社会となろう。

第二章　愛と瞑想において反逆者となるがいい

自己自身でありなさい

前述するように、白雲悠々の老子の世界を説く和尚は、その在り方そのものにおいて、一方では人間の破壊者である者への反逆者たれとも説いている。

世界中で、ある特定の背景を持ったとても奇妙な雰囲気が生じている。それは個人を破壊し、その尊厳を取り去りたい。喜びに溢れていることを破壊し、惨めさを与えたい、というものだ。なぜなら惨めな人間だけが支配され、惨めな人間だけが搾取されうる。

特権を持つ者たちは個人を望まない。なぜならアローンネス（独存）の個人は、まさにその言葉の定義において、反逆者だからだ。彼はどんな群衆、どんな宗教、どんな国家、どんな民族にも属さない。彼はただ自分自身だ。個人で成り立っている世界から搾取することはとても難しい。もしその世界が個人で成り立っていたら、不必要な戦争、破壊をとり出すのはとても難しい。世界はとても惨めな人々で成り立っているものだ。

どの教育システムも、どの社会、文化、文明も、服従を価値あることとして主張してきた。言ってみれば、全人類を不幸にしてしまったのは、この服従なのだ。この世界の危機の全体は服従ゆえのものだ。人々は何に服従し、何に服従しないかを選ぶことができるように、知性的でいる用意ができているべきだ。

かのアダムとイヴがエデンの園から追放されたのも、彼らが服従しなかったからだ。だが和尚は、自信を持って、彼らを誇りに思っていると言う。彼らは自分の知性に反しないために、神にさえ逆らうガッツ(度胸)を持っていた。もちろん彼らは二番目の樹には到達できなかった。それに行き着く前に彼らは追放されたからだ。それ以来、永遠の生が人間の探求になったのはそのためだ。

人間は知識の実を食べてしまった。彼は知恵の源泉に酔っぱらってしまった。宗教は、彼がその力を使うのを妨げようとしている。宗教はアダムとイヴを妨げた、その同じ神からの使者なのだ。これらの使者が人間を無知なままに留まらせた。神は愚かなアダム、愚かなイヴだけを望んだ。なぜなら人々が無知であれば、あるほど、彼らをとても簡単に奴隷にできるからだ。その点政治的指導者と宗教指導者とは共謀している。

宗教的指導者は人々がもっと知性的になれば、自分たちがどんな答えも持ち合わせていないようなことについて尋ねるのではないかと恐れている。それからいわゆる聖人などと呼ばれる人たちにも耳を貸してはならない。彼らは何百万という人々を殺し、その生を破壊し、生のあらゆる意味と重要性を取り上げた毒殺者だ。そしてことの全体はそのクライマックスに達した。それゆえに、地球には、これほどの危機が感じられるのだ。

だからあなたがどんな人間であるかは、問題ではない。重要なのはあなたが自分自身でいることだ。

あなたは他人と比較すべきではない。自己自身であればいい。他者との比較は競争を生み、野心を生む。人に感心されたり、認められたりしなければならないということが、あらゆる人間の問題であることを思い出さねばならない。

ただし反逆者とはノンコンフォーミスト（非順応主義者）や革命家であることとは異なる。非順応主義者は単なる反動家だ。彼は怒りや激情、暴力やエゴから行動する。彼の行動は意識に基づいていない。彼は社会に反抗するが、実際にはほとんどの場合、もう一つの極端に移ることで、一つの誤りから別の誤りへ移ることにしかならない。

反逆者とは途方もないバランス（均衡）であり、覚醒、注意深さ、慈しみなしにはありえない。それはリアクション（反動）ではなく、アクション（行為）だ。非順応主義者はただ古いものに反対し、自分では何一つ未来への展望を持たず、創造的な概念を持っているわけではない。それに対し反逆者の関心は、未知なる潜在的可能性に向けられ、新しい人間を支持している。彼のアプローチは肯定的であつて、否定的ではない。

また革命家の質とも違う。革命家は政治的世界の一部だ。その方法論は政治だ。彼の理解によれば、人間を変えるには社会の構造を変えるだけで充分だというものだ。

それに対し反逆者は、スピリチュアル（精神的）な現象だ。彼のアプローチは絶対的に個人的だ。彼のヴィジョンによれば、社会を変えたいならば、個人を変えなければならない。社会というものはそれ自体では存在しない。それは「群衆」と同じように単なる一つの言葉に過ぎない。例えそれを探しに行っても、どこにもそれを発見できない。あなたが誰かに出合う時には、相手は必ず個人であるからだ。

古い聖人は体制の代理人

昔の聖人は、彼が生まれ育った社会から尊敬され、名誉を与えられていた。彼は社会の多くの規則や基準に従い、聖人として認められるために必要な多くの修行を積んでいた。彼は社会構造の一部だった。そして何千という迷信、醜い制度、搾取、貧しい人々をただ慰めるだけの哲学などを肯定してきた。彼は、社会が何世紀にもわたって維持してきたどのような制度にも、決して反対することがなかった。

ある意味で昔の聖人はシンプルな人間だが、奥深いところでは極めて抑圧されていた。なぜなら社会構造というものはすべて抑圧的だからだ。彼は自らの足で立つ「個」ではなく、一定の社会や文化集団の一部に過ぎなかった。その特定の集団が神を崇拝したのは、神が彼らの理想、彼らの好ましく思う目標を達成しているからに過ぎない。

例えば、ヒンドゥー教の聖人の中誰一人として、カースト制（差別制度）という醜いシステムを否定したり非難したりした者はいない。洞察と光明の人が、カースト制は貧しい人々や虐げられた人々から搾取するための特別のやり方であると見抜けなかったとは、とても考えられない。これがもっとも多くの聖人を生みだしてきたこの国の現状である。

ヒンドゥー教のもっとも古い聖典である『ヴェーダー』には神々を満足させるためには動物だけで

なく、人間さえも生贄されねばならない、と儀式の説明が述べられている。だがいわゆる聖人たちの中誰一人として、その絶対的な愚かしさ、その非宗教性、非精神性に反対の声を上げた者はいなかった。それがこの国の聖人たちだ。

このように昔の聖人はイエスマンだった。体制の手先だった。彼らは教会、聖職者、王といった権力を持つ者たちのすべての代理人だった。そして昔の聖人は、その務めを立派に果たしてきた。それに対する彼の報酬は、ただの偽りのエゴに過ぎなかった。

新しい反逆者は戦士——すべての誤っているもの、非人間的なものと闘う戦士、すべての愚かしく非科学的なものと闘う戦士だ。あまりにも多くの愚かな考えが、あらゆる予言者、聖人、賢者たちによって広められてきているので、新しい反逆者はそのもつれ全体から抜け出すためには大いに奮闘せねばならない。

また新しい反逆者には、新しい道徳性がある。彼はいかなる戒律にも従わず、自分自身の意識に従うだろう。彼には新しい宗教性がある。彼はどんな宗教にも属さない。宗教性とは、私的で、個人的な現象だ。それはちょうど愛のように、組織されえないものだ。真理や愛を組織化した瞬間、あなたはそれを殺してしまう。組織化は毒物だ。

キリスト教の聖人にしろ、ヒンドゥー教の聖人にしろ、ジャイナ教の聖人にしろ、大した違いはない。彼らの言葉は違うかもしれないし、その修行は違うかもしれないが——ある者は立っているかもしれず、ある者は座っているかもしれないが——その基本的なアプローチは同じだ。それは隷属を支持すること、人類を非難すること、そして何千年にもわたって私たちが黙認してきた最大の嘘である神をほめ讃えることだ。

そのゆえに昔の聖人は反革命家だった。彼は人々を圧迫し、その生き血を吸う者たちに味方してきた。新しい反逆者は、こういった吸血鬼や寄生虫の手先ではない。彼は「貧しい者は祝福されている」とは言わない。彼は「自分の惨めさを辛抱強く耐えなさい。なぜなら、あなたは死後に神の王国を継ぐことになるのだから」とは言わない。

神の王国などというものはない。金持ちたちがそのことをまったく気にとめず、一言もそれについて尋ねなかったのはそのためだ。彼らは、聖職者たちが貧しい者たちに、彼らこそ神の王国を継ぐ者たちなのだと言うことを容認してきた。なぜなら聖職者たちは神の王国がないこと、神がいないことを知っていたし、金持ちたちもまた、神も神の王国も存在しないと知っていたからだ。それはただ貧しい者たちを貧しいままに留めておくための、奴隷を奴隷のままにしておくための、そしていかなるたぐいの革命を避けるための、フィクション（虚構）に過ぎなかった。

あらゆる人間には、神になるべき潜在的可能性がある。過去においては、神は創造主だった。未来においては、神は人間の意識の創造物であるだろう。それは人間の祝祭、人間の光輝、人間の光りの最高の頂きを意味するようになる。

宗教の戦争責任

こうした外国の宗教事情に対して、日本の宗教界にあってはどのようであったか？　それを知るに菱木政晴（『浄土真宗の戦争責任』）によると、先の大戦においては何れも宗教性に在らざる、国家総動員体制の確実な一翼をになった。しかも大信徒集団としての、国家神道と浄土真宗はひたすら戦争推進のために大きな役割を果たした。

国家神道という宗教には、明白に侵略戦争遂行に対する責任がある。しかしそれをいうと仏教にも繋がってくるのだ。

靖国神社は一八六九年「東京招魂社」として出発した。それに対して一九二〇年版の『尋常修身書巻四』には、そのコンパクトなエッセンスが述べられている。（各地の神社のパンフレット類も同じ）それを三つの要素に分けると、「聖戦教義」「英霊教義」「顕彰教義」となる。この一文では初めに「国のために死んだ人々」とあるが、これは明らかに「国のせいで死んだ（殺された）悲惨」であって、しかも「ためにつくした」と戦死の評価が「悲惨」から「栄光」と「功績」へとすり変えられている。

二番目の英霊であるが、これは「聖戦に参加して死ねば神になる」ということだ。神として祀る。つまり祀りあげる、ほめあげるという死者に対する態度は、決して普遍的なものではない。死者に対する一般的な態度は「追悼」「いたみ」「くやみ」「なぐさめ」であろう。「ほめる」というのは、ほめることで利益があるという特殊な教義だ。

実際に国家神道が行っているのは、決して謝罪ではない。聖戦遂行に対する「英霊」としての賞賛なのだ。この賞賛は、教義の最後の要素「顕彰」、すなわち「英霊を模範・手本として後に続け」という教義に直結する。そして国家神道の最大の儀式は、合祀祭（合わせ祀る）だ。臨時大祭は天皇自身が来るとあるから、その重要さがわかる。

では合祀の実体はどんなものか？　合祀は靖国の側、つまり国家の側が完全に主導権を持っており、本人や遺族が祀られることを望む望まない意思は完全に無視される。

これは奇妙なことに思われるかもしれないが、祀るということの本質がこれである。「ほめる」「模範とする」ということの本音を考えれば、当然のことだ。靖国は決して戦死者や遺族のための追悼施設ではなく、後に続かせる人材を教化・育成する宗教教育施設なのだ。結論から言えば、あの悲惨な戦死を美徳とする教義、理性的には到底受け入れ難い教義を、信仰にまで持っていく教化トリックなのだ。

靖国は教義に沿って、後に続くべき模範の戦死者だけをほめる社であって、戦争のせいで死んだすべての人を追悼するところではない。

片や靖国神社に対して、日本最大の宗教団体真宗寺院であるが、これも戦中にあっては、積極的な戦争賛美の方向に向かっていった。そもそも天皇の現人神信仰は、真宗の法主生仏信仰の焼き直しではないか？　二つの信仰は極めて似通っている。何しろ成立は法主生仏信仰の方が早いのだから。何れにしても「聖戦・英霊・顕彰」という形で整備されていく国家神道の教義を、単なる世俗的な道徳箇条に留まらない宗教的な「教義」にまでしたのは、祀る主体が神としての天皇という信仰だという理由による。だとすれば、この教化・伝道は、国家神道プロパーと真宗など仏教との合作ということになろう。

それを端的に現すのは、真宗における「真俗二諦論」だ。この論のための組織が報恩講と酬徳会の二つあって、後者の創設の意図は「浄土真宗の俗諦の要をなす儀式として天皇の恩に報いることをあらわすもの」と位置づけされている。この俗諦とは、もともとは中世仏法と王法の協力の論拠となったもので、宗教的、観念的領域の報恩講組織と世俗的、現実的領域を別けて、各々に別個の真理（諦）を立てたことに始まる。

この論が戦中は大いに利用されたのだ。もし本気で反省するなら、この真俗二諦論が根本的に誤っていたと告白するか、組織解体するかでなくては納まらないだろう。

本願寺派の戦争責任告白でも、これを「巧みに利用することによって、浄土真宗の本質を見失わせた」といった程度には反省している。俗諦として示されるのは、天皇と国家への絶対忠誠ということだが、これは平和を旨としていた団体が、外圧に耐えきれず、遂に戦争賛美をしてしまったということではない。むしろ僧侶自体自信を持って、差別や侵略を美化し聖化する教義を持っていた、と見る方が当たっている。

危険な道を歩みなさい

前記した宗教への反逆者の態度というのは、まず何よりもそれが冒険的で危険な道であることは確かだ。それはライオンのようなハートを持ち、ガッツ（度胸）があり、人間としての尊厳を持っている者たちだけにしか向かない。それは万人向きのものではない。

しかし反逆的な社会を創造するには、ごく小数の反逆者がいればいいものだ。もし反逆的な人々が社会をつくったとしたら、大衆は――彼らが今のこの社会の一部であるのと同じように――唯々諾々としてその反逆的社会の一部となるだろう。

いかなる危険もなしに生きる人は、まったく生きていない。生きる唯一の道は、危険に満ちた生を生きること、たえず剃刀の刃の上を渡ることだ。その時生は新鮮さ、若さ、あらゆる瞬間に生きる強烈さ、あらゆる瞬間の全一性を持つ。なぜなら次の瞬間がどうなるかまったく分からないからだ。その意味で便利で快適な生を生きている人たち、中産階級という言葉は侮蔑語だ。彼らは過去にしがみつき、腐りきった生を生きている。

まさに安全などというものはこの生に存在しないのだ！　反逆者はそれをよく理解している。あなた方は不確実さの中を生きなさい。それこそ生の現実だ。それを避けることはできないし、それを阻むこともできない。だからそれについて悩む必要はない。

「危険に満ちた生を生きよ」という警句、それは正確には何を意味するのか？　それは単に、人生には常にもっと別の道があるということを意味している。あなたはいつも別れ道にいる。いつも、いつも。どの瞬間も別れ道だ。あなたはどこへ行くのか選ばなければならない。しかしその場合、もしあなたが居心地のよさを、快適さを選んだら、その時には決して強烈に生きることができない。

あなたのエゴは満足した。生活はとても便利だ。だが、それは水平的に生きることである。生のとても薄いスライス、とても薄く切られたパンのスライスみたいなものだ。

それに対して危険に生きるとは、垂直的に生きるということ――そうなったらどの瞬間にも深みと高みがある。それはもっとも高い星ともっとも深い底に触れる。それは水平線については何も知らない。だがそうなったら、あなたは群衆の中ではよそ者だ。群衆はいつでも愚かであり、自分自身の生を生きていない。そこへこのよそ者が、突然、やってくると、突然、彼らの中で何かが揺り動かされる。

彼の何かがユニークだ。彼のもっとも印象的なところは、彼が完全に満ち足りていて、至福に満ちているように感じられるということだ。さあ、こうなると、この男は群衆にとっては危険だ。群衆は彼を殺そうとするだろう。スーフィ教のアルヒラージ・マンスールが正統派、伝統主義者、群衆によって殺されたのも、彼は日頃反逆的なことを言っていたからだ。反逆者は暴力を使っての人殺しはしないが、自らの死は喜んで受ける。

その残酷極まる死刑を見に、ほぼ百万の人々が集まっていた。イエスの磔の方がはるかに文明的に思われた。というのも、アルヒラージ・マンスールは両足、両手、両目と細かく切り刻まれたからだ。一つ、また一つと。だが彼の顔には笑みが浮かんでいた。この非人間的な、野蛮極まる状況の中で——。

彼の両手を切っていた男の一人は、そのわけを知りたい誘惑に駆られて尋ねた。「なぜ笑っているのだ。この私ですらひどく惨めで、罪の意識を感じているというのに」その時マンスールが言ったことは、覚えておくに値する。彼は言った。

「私が笑っているのは、お前がほかの誰かを殺しているからだ。お前は私を殺しているのではない。私は火に焼かれることもなければ、刀で殺されることもない自分自身を知っている。お前にできるのは肉体を切ることだけだ。私はそのお前の愚かさを笑い、この馬鹿げた行為を命じた皇帝を笑っているのだ」。

このマンスールは本物の危険人物であった。それに比してイエスはほんとうの危険人物ではありえない。なぜならイエスもまた磔にされた。だがイエスの求めていたものは何だろう？　彼は群衆に受け入れられることを求めていた。彼はほんとうの反逆者ではなかった。彼は名誉を求めていた。「私があなた方の求めていた救世主だ」と。彼は群衆が彼に神聖さを与えてくれることを望んでいた。磔にされることさえ、単に群衆の要求を満たすためのものだった。マンスールは群衆に受け入れられることを求めてはいない。

無神論は神に通じる

しかしこの殉教者マンスールの反対の場合もあり得る。通史的に無神論を眺めてみるとそのことがよくわかる。アンリ・アルヴォン（『無神論』）がそれを説明する。

一見したところ、無神論の輪郭ははっきりしているように見える。無神論は神の存在を否定する時には絶対的であり、神の全能を疑うだけの時には、相対的だ。しかしこの単純な定義を無神論の多種多様な変種に適用しようとすると、さまざまな困難が出てくる。

まず、自然発生的な無神論が存在する。人間は神のもろもろの掟に反逆し、背徳を犯して、神を拒む。人間は自分より優越したものの実在が隷属を強いるのだと感じ、自分より優越したもののいいなりになることを嫌う。それは「通俗的無神論」と呼ばれる。

次に無神論は権力意志に由来することもある。人間は、自分を屈従させる神のうちにかせ、呪縛、乗り換えなければならない障害をみる。プロメテウス（ギリシャ神話の神）は専横で圧倒的な決断をし、無知なる大衆に取って代わって自己の至上権の基礎をおく神の顔つきだ。だから人間の独立の叫びが鳴り響くのだ。

要するに人間は、飽くことを知らない貪婪という情熱のしるしを持っている。

人間は自分を支配しているかに見える悪に傷つけられて、それを諦めることができず、それを神のせいにして神を非難する。神は地上に正義と幸福をいきわたらせることができないので、神にとってかわる役目が人間にかかってくる。ドストエフスキーの作品には、愛に渇いたこれらの無神論者が特に多い。そして言う。「今日人間はまだ本当の姿の人間ではない。やがて新しい人間、幸福で誇りに満ちた人間が現れるだろう。苦悩と恐怖を征服した人間は自ら神になるのだ。そして天にまします神はもはや存在しなくなる」。

この三重の反抗は、しかしながら、炎を吹き倒したが、そのことでかえって炎をかき立てる一陣の風に似ている。おびただしい涜神的言辞を口にすることがかえってそれを語る人々の宗教的意識を証拠立てるように、この反抗は、否定すると主張している当の者を認めてもいるのだ。一種の弁証法によって、有神論と無神論の一時的対立は、決定的な分裂に至るどころか、かえって深い承認への下準備となるのだ。

時には無神論者でさえ、自分自身に真実であることによって神に到達している（「完全な無神論はその頂点においては、完全な信仰に至る直前の段階にある」と、ドストエフスキーは明確に述べている）。マハヴィーラは無神論者だった。ブッダも無神論者だった。どんな神を信じていなかった。神を信じていなかった。

も信じていなかった。

だからブッダには奇跡が起こったのだ。人はこう言う。「ブッダは神なくして、もっとも神のごとき人間だった」「神なき神」と「神のごとき神」の両方だ。彼はどこまでも知性的であったが、到達した。なぜなら決して自分自身を偽らなかったからだ。彼はひたすら実験を重ねた。六年間絶えず実験を続けた。そして信じることがなかった。実験によって証明されない限り、信じない。何も起こらなかったら、彼はそれを去った。

ある日、彼は光明に到達した。ひたすら疑いに疑い、実験することによって、もはや疑うべきものは何もない地点に到達した。対象がなくなると、疑いは落ちるものだ。もはや疑うべき対象は何もない。すべてを疑った、そして疑いすらも無益になった。疑いは落ちた。それとともに彼は覚った。彼はこう覚ったのだ。

疑いとは真なるものではなく、むしろ「疑う者」こそそれだ。「疑う者」は疑うことができない。「疑う者」がそこにいて、「いや、これは正しくない」などと言う。だが、「これは正しい」とか「正しくない」とか言う者は誰か？　そのように言う源は正しい、真実だ。「神はいない」と言うことはできる。だが、「私はいない」とは言えない。「私はいない」と言うことは、つまり自分自身を受け入れることだ。

自分自身を否定しようとすれば、留守居役同様、同時に自分自身を認知することになる。それは必然的にそうなるのだ。否定するためでさえ自分は存在する必要がある。

ブッダはすべてを疑った。だが自分自身は疑えなかった。すべてを疑い、すべてが無用になった時、彼は自分自身へと投げ入れられた。そこでは疑いは不可能だった。だから疑いは落ちた。突然、彼は目覚めた——自分自身の真実に、自分自身の意識の源泉に、意識の基盤そのものに——。だから彼は神なしではあったが、神のごとくになった。実際、かつてこの地上を歩いた人間の中で、彼ほど神のごとき人間はいない。

第三章　過去は過ぎ、未来は来ず、瞬間に生きる

人生の問いは具体的

先にV・E・フランクルの例を挙げて、私たちは「人生に生きる意味とは何か」とか、「私は人生にまだ何を期待できるか」と問うのは止めにして、「人生は私に何を期待しているのか」という問いに対する「答弁者」になれと、人生一八〇度転換のコペルニクス的発想の法を伝えたのであるが、これは直接的には瞬間に生きるを意味するものだ。

人生の問いに対して自分が答弁者足らざるを得ないということは、常に私の具体的な返答が問題になるということだ。私たちは人生が出した問いに答えることによって、その瞬間の意味を実現することができる。しかし人生が私たちに出す問いは、単にその時々に応じて違ったものになるだけではない。その人に応じてまた違ったものになる。人生が出す問いは、瞬間瞬間、その人その人によってまったく違っている。

だから生きる意味の問題は、まったく具体的に問われるのでなければ、誤った取り上げ方をしていることになる。つまりそれは具体的な「ここ」と「今」において問われるのでなければならない。一

般的に人生「というもの」の意味、「というもの」を問題にするなどということは、どうしてもトンチンカンなものに見えてしまう。

それはチェスの世界チャンピオンにインタビューして、「ところで先生、どういう手が一番いい手だとお考えですか？」と尋ねるようなものだ。そもそも特定の、具体的な勝負の局面、具体的な駒の配置を離れて、特定のいい手、唯一の手というものがあるだろうか？　その瞬間瞬間の具体的な状況において、対応するしか手がないのだ。

だから私たちはどんな場合でも、自分の身に起こる運命を自分なりに形成できるのだ。「何かを行うこと、何かに耐えることのどちらかで高められないような事態はない」とゲーテが言っている。それが可能なら運命を変える、それが不可能なら進んで運命を引き受ける、そのどちらかなのだ。どちらの場合でも、私たちは精神的に成長できる。どうしても変えることができない運命に逆らう人は、運命とは何かわかっていない。

その時その時にどういうやり方であっても、人生を、瞬間を意味のあるものかにするかしないかという二者択一しかない。どのように答えるか決断することだけだ。けれどもその度にまったく具体的な問いが人生から出されている。この事実から人生はたえず、意味を実現するなんらかの可能性を提供している。だからどんな時でも、生きる意味があるかどうかは、その人の自由選択にゆだねられていることになる。

そうすると確実にわかることがある。それは自殺は決して何らかの問題に対する答えではないということだ。それは再びチェスの例で言うと、いくら考えても回答がわからず、いきなり盤の石を引っ繰り返すようなものだ。そんなことで問題の解決にはならない。自殺する人は自分の人生を放り出しておいて、それで人生の解決をしたと思っている。それは戦いを放棄した、人生競技のルール違反でしかないことになるのだ。

一方、元はハーバード大学の心理学教授であったが、向精神物質(幻覚剤)のLSDを盛んに使った事件で、大学を辞職したリチャード・アルパートは、後にインド放浪のあげく、ニーム・カロリ・ババ(マハラジ)というグルに出会って霊的修行を積み、名もラム・ダスに変えて、『ビー・ヒア・ナウ』(今ここにあるがままであれ)という本を一九七一年に上梓し、日本のトットちゃん並に爆発的、数百万部を売った。

この本によって、六〇年代に端を発する若者の東洋への傾斜に強烈な拍車をかけた。この書も題名通り、アメリカのニューエイジ世代に「今」「ここ」の瞬間的生き方を訴え、驚異的な影響を与えた。先のことは先のこと、今は今を精一杯に生きる。

つまりあるがままの「今」と「ここ」を全面的に受け入れる。完全にわかった存在になるためには、どのレベルの絶妙さにも悦びを感じる。そしてあなたがほんとうに現在に生き、ほんの束の間でも永遠の瞬間を分かち合えるところを見いだせたら、それで充分親の祝福を受けたことになる。そもそも時計の針が何時を指していても、いつもここであり今である。あなたは実際のところ、ここと今からは逃れられないのだ。

このように「その時」(未来)が今になった時、今、ここの訓練をしていれば、最善を尽くすには理想的な場面にいることになる。だから今は「その時」について、あれこれと心を悩ますことはない。

今、ここにいて、未来の計画は立てられるのだ。

永遠とは現在の瞬間

東洋で瞬間の世界が重んじられるのは、禅の世界においてである。

いわゆる言葉を立てない「不立文字」においては、おびただしい禅の根本体験のほとばしりとしての根本句がある。「般若の空智」（真実の自己の自覚）、「自他不二」（自他一体）等。しかし禅思想家の秋月龍珉（『禅の探究』）は、これら根本句の理解の仕方は、直接にその根本句の源泉である宗教体験そのものに帰って、探究者自らが「今」「ここ」「自己」の何たるかを直証し、追体験するよりほかにないと言う。

禅道仏法の原点は常にこの「即今・此処・自己」の自覚にある。「色即是空・空即是色」「自他不二」と言ってみても、これを理解する鍵は、ただこの「今・ここ・自己」の三即一なる原点からでなければならない。この根本句の理解をはずした解説は、どんなに見事に知的に解説されているとしても、それでは釈尊の、そして達磨の、生き血は伝わらない。「観自在菩薩」の解には、心眼を開いて「見レバ我ニ在ル菩薩」とある。観自在菩薩とは、この時、この処の、この「自己」だというのだ。

だから「舎利子」（聞く人を言う）とは、今・そこで聞いているお前（臨済禅師のいわゆる「即今《いま》・目前《目の前で》・聴法底《聞いているもの》」）のことだぞ、言うのだ。このような体験から鈴木大拙のいうコズミック・アンコンシャス（宇宙的無意識）が発現されるのだ。

またケン・ウィルバー(『無境界』)は、瞬間を解説して次のように言う。

神秘主義者は、永遠とは哲学的意見でも宗教的教義でも達成不可能な理想でもないと主張する。永遠とはむしろ、極めて単純明白で直截的な現前しているものだ。禅師黄檗《おうばく》は「それはあなたの面前にある」と始終言っていた。われわれは普通永遠とは、非常に長い時間で何億年と果てしなく続いているものだと想像してしまう。だが永遠とは果てることのない時間の自覚ではなくて、それ自体まったく時間を持たない自覚なのだ。永遠の瞬間とは、過去も未来も以前も以後も、昨日も明日も誕生も死も知らない、時のない時間だ。

従って統一意識の中で生きるとは、時のない瞬間の中で、また時のない瞬間として生きることだ。それでもわれわれは時のない瞬間とは何かを問わなければならない。日付も持続もない瞬間とは何か? すばやく短い瞬間ではなく絶対的に時のない瞬間とは何か?

こういった瞬間は奇妙に思われるかもしれない。だがほとんど誰もが、過去と未来が忘却の彼方へ消え去っていくような、至高の瞬間を知っていることを認めざるを得ないだろう。月、海を見て、時のないものに触れたことのない人などあろうか。

こういった体験すべてに共通しているものは何か? 現在の瞬間に完全に没頭しているために、こういった体験は時間が止まっているように思える。明らかに、この現在の瞬間は、調べて見ても時など存在しない。現在の瞬間は時のない瞬間であり、時のない瞬間は過去も未来も昨日も明日も知らない。この現在の瞬間に深く足を踏み入れることは、永遠に浸ることであり、鏡を通って不生不死の世界へ入ることだ。

この現在には始まりはなく、始まりのないものが不生だ。同じ理由で、この現在の瞬間に終わりはなく、終わりのないものは不死だ。いくら探してみても始まりと終わりはみつからないだろう。シュレディンガーが「現在こそが、終わりのない唯一のものだ」と言うのは、そのためだ。この現在の瞬間には、過去もなければ未来もない。時がないのだ。そして時のないものが永遠だ。

つまり果てしなく続く時間という概念は、一つの奇形なのだ。

どんなことをしてもそれを実際に理解し、把握し、体験することは不可能だ。だが、永遠の今、この時のない瞬間は、あなた自身の現在の体験同様、単純かつ身近なものだ。その二つは同じ一つのものだからだ。永遠とは、この現在の時のない瞬間の本性であるところから、神秘主義者は、天の王国への入り口、「過去と未来の対を超える」通路となる大いなる開放は、今以外にないと語る。キリスト教の聖者デ・カウサデは、「現在の瞬間とは神の名とその王国の到来の現れである」といい、イスラム神秘主義者ルーミーは「スーフィはこの瞬間の息子である」と語っている。

つまり永遠と瞬間とは同意語であり、永遠は常に今だ。現在こそが唯一のリアリティなのだ。ほかにあるわけではない。瞬間は永遠と統一意識の核心だ。

これ、これ、存在のこれ

中国の禅者雪峰には彼独自のやり方があった。彼の教えで重要なのは言葉ではなく、まさに「これ」、存在のまったき静寂の意だった。小鳥たちのさえずりこそ、この世にある聖典だった。竹のコメンタリー（注釈）は、純真そのもの、誠実で、的を得ている。彼はこれらの人々との集いを、この静かな待機の瞬間を愛していたに違いない。

この雪峰を尋ねた修行僧たちがいた。するといきなり門前で「これはなんだ」と問われて戸惑った。そのあと巖頭を尋ねて、また同じく「それはただ、これ、これだ」と言われてさらに分からなくなった。「これ、これ、とは一体何だろう？」巖頭はこれに対し、「これはなんだ？」と尋ねるのも厳密には正しくないと語る。

存在は尋ねるべきものではないし、「なに？」でもない。どのような問いも、どのような答えもなく、それはただ在る。ただ「これ」だ。この小さな逸話は可能な限り簡素なこの言葉、「これ」に集約され、宗教性の本質そのもの——その神秘、その美、その真実をもたらしている。尋ねることも答えることもなく、人はただ生きなければならない。ただ「これ」を生きるしかない。ブッダの言葉で言えば、「真如」なのだ。

この瞬間をトータル（全一）に生きなさい。揺れ動くことなく。もはや存在しない過去を考えることも、まだ起こっていない未来を投影することもなく。あなたには「これ」の純粋さ、この瞬間しかない。「これ」のシンプル（単純明快）な体験を理解しない限り、あなたの輝きと歓喜はこれ以上に高まりようがないだろう。

和尚は禅が最愛のものになった理由は明らかだと言う。それは禅がどのような神学も生み出さないからだ。禅は神のことなど意に介さない。神は必ず「あれ」であり、必ず「あそこ」にある。だが、真に重要なのは「これ」であって、「あれ」ではない。「今」であって、「その時」ではない。生における第一の務めは、自己を十全に自覚することだ。人は一端目覚めたら、二度と眠り込むことはない。ただしisnes（あるがまま）とthisnes（これ）、つまりただ「在ること」は、達成するものではなく、あなたがすでにそれだということだ。私たちはあまりにも言葉に親しんでいるので、言葉がない美しさを知らない。美しい薔薇を見た時でも、直ちにあなたの心は「なんて美しいんだろう」と言い、それを見逃してしまう。ただ単純にその薔薇を見て、その美を吸収していたら、ただハートにそれを感じ、たったの一言の賞賛の言葉も口にしなければ、あなたは光明を得ているだろう。

たった一輪の薔薇の花が、あなたの偉大な師の役割を果たすこともできたのに。問題はあなたが知らないことではない。問題はあなたがあまりにも知り過ぎていることだ。その借り物の知識と、内側であまりにも多くの言葉が蠢いているがために、あなたは沈黙の中でしか体験されない無言の美を見ることができないのだ。この瞬間のとてつもない静寂の中で、あなたは心から自由になったのを感じるだろう。

禅は神について語るのではなく、神を与える。禅は生そのものであり、生についての哲学ではない。禅のすべては「これ」にかかっている。現在に「在る」というとてつもない光輝を理解する日、その瞬間、何一つ他のものはいらなくなる。自分だけで充分だ。そこから大いなる喜びが起こってくる。特別のことさえ求めなければ、権力に向けての旅にさえ出なければ、それはあなたのものになる。

ただしそれを得るに好機というものはない。なぜならあなたはすでに光明を受けているからだ。ただそれを宣言することを恐れているに過ぎない。

人はただ在る。その「あるがまま」が超越だ。それは自分から探し求めなくとも、ひとりでにやって来る。探究は危険だ。その探究は、あなたがサニヤシン（グルに明け渡した弟子）であることの妨げにすらなる。自らの実存と意識の中により深く入ってゆけば、超越が訪れる。ただ在ることだ。何一つ尋ねてはいけない。なぜなら、答える者などどこにもいないからだ。「答える者がいない」とは、あなたが答えだということだ。

自らが沈黙に、純粋な空間になった時——あなたはどのような行いも、内なる自発性からなすことができる。これは言葉ではない。だからそれはどのような意味も持ちえない。それを生きることはできるが、何かを意味することはできない。

全一さに生きる

全一さにとっての時間は今であり、全一さにとっての空間はここだ。

この違いには注目すべきである。社会はあなたを完全主義者にしたいが、決して全一にはしたくない。彼らは決して全一さについては語らない。彼らは完全さについて語る。完全さ（完成）は未来にある。それは目標だ。

全一さは今ここで実現することができる。それはまったく目標ではない。それはとてつもない転換であり、根本的な大変革だ。未来指向など微塵もなく、ただ大いなる理解だ。あなたはこの瞬間に全一であることができる。なぜなら、それにはただトータル（全一）でありたいという決断よりほかに何も必要とされないからだ。

ただこうして坐っているだけで、この瞬間は全一なものとなりうる。どこかへ行こうかとする動きはなく、人はただここにある。全一さとはそれぞれの瞬間をどのような過去もなく、どのような未来もなく生きるということだ。それぞれの瞬間を過去に結びつくことなく、未来に結びつくことなく生きるということ。それぞれの瞬間を原子的に生きるということ。それぞれの瞬間をこれが最初にして最後であるかのように生きるということ。かつて時間などなかったかのように、先にも時間などないかのように――。

例えば、もしこの瞬間に、自分は次の瞬間には死ぬのだと気がついたら、未来というものはないから、この瞬間は全一なものとなる。同じようにして、もし過去というものがなかったら、あなたのすべてのエネルギーは今ここで踊る――あなたは脈動する。過去にも未来にも行くところはないから、あなたは拡がらない。とてつもない強烈さが起こってくる。あなたは舞い上がる炎となる。

ローザ・ルクセンブルグ（革命家）は言っている。「生命の松明を両端から燃え立たせたせるような瞬間にのみ、人は生きる」と。だからあなたが両端から燃え盛るとき、未来のために自分を温存してはいない。あらゆるものをすっかり失う用意がある。なぜなら誰が知っていよう、次の瞬間など決して来ないかもしれない。その時そこにはメタノイア（変心）が、回心、変容、転換が起こる。エネルギーの量が質的な変換をとげる。

だから覚えておくべきことは、愛は全一さへの扉でもあるということだ。それは残された唯一の扉、生き残った唯一の扉であり、まだ完全に破壊されていないのはこれだけである。だから愛し、愛をあなたの宗教に、あなたの瞑想にしたらよい。

瞬間から瞬間へと生きなさい。三週間試してごらん。あなたがどんなことをしているにせよ、できる限りトータル（全的）にやりなさい。それを愛し、それを楽しむことだ。恐らくそれは愚かしく見えるだろう。あなたがお茶を飲んでいる時に、あまりにそれを楽しみ過ぎては馬鹿げている。それはごく当たり前のお茶なのだから。が、当たり前のお茶でも、もしあなたがそれを楽しむなら、並外れて素晴らしい途方もない体験になりうる。深い敬意をもってそれを楽しむがいい。それを儀式にするがいい。

お茶を入れること――シューシューというヤカンの音に聞き入ること――それからお茶をそそぐこと――その芳しい香りをかぐこと――そこでお茶を味わい、幸せを感じることだ。死んだ者たちに、お茶を飲むことはできない。まさに生きている者だけにできることだ。この瞬間、あなたはお茶を飲んでいる。そのことに切なる感謝を覚えるがいい。将来のことを考えてはならない。来る瞬間はそれ自身が引き受ける。明日を思い患うことなかれ。決心して三週間だけ、この瞬間に生きてみなさい。

あなたが瞑想の中に深く入り込むほど、時は消えてゆく。真に瞑想が花開けば、時は見い出しえない。それは同時に起こる。心《マインド》が消え去る時には、時も消え去る。それゆえ長い間にわたって神秘家たちは「時と心《マインド》は同じコインの表裏に他ならない」と言ってきた。心《マインド》は時なしには存続できず、時は心なしには存続できない。時は心《マインド》が存続するための道だ。それゆえすべてのブッダたちは、「この瞬間に生きよ」と説き続けてきた。この瞬間に生きることこそ瞑想だ。ただ単に今ここにいることこそ瞑想だ。まさにこの瞬間、ただグルと今ここにいる人々は瞑想の中にいる。これこそ瞑想だ。遠くで鳴くかっこう――過ぎ行く飛行機――カラスの鳴く声、小鳥たちのさえずり――。

現在の中へ！　まさにこの瞬間そのものの中へ深く入ってゆくことが瞑想なのだ。

危険に満ちた生

瞬間と言えば、人生においては、どの瞬間も分かれ道だ。あなたはどこへ行くのか選ばねばならない。どれがあなたの道になるのか、毎瞬あなたは選ばなければならない。毎瞬が決定的だ。なぜならあなたは、多くの道を放棄して一つの道を選んでいるからだ。

さて、もしあなたが居心地のよさ、快適さ、便利さ、社会が支持するそれらのものは、あなたが心理的に奴隷になる用意のあることを意味している。社会はあなたにすべてを与える――もしあなたが自分の自由を差し出すなら。それはあなたに名誉を与え、階級内の高い地位を与える。だが、あなたはあることを落とさねばならない――自分の自由、自分の個性を。あなたは群衆の中の番号にならなければならない。

危険に満ちた生を生きるとは、垂直的に生きるということだ。そうなったらどの瞬間にも深みと高みがある。それはもっとも高い星ともっとも深い底に触れる。それは水平線については何も知らない。だが、その時あなたは、群衆の中ではよそ者だ。その時あなたは、他の誰とも違ったようにふるまっている。これが相手の人々の中に心地悪さをつくり出す。理由は単純だ。彼らは自分の生を楽しんでいない。彼らは自分自身の生を生きていない。彼らはそのためにどんな危険も冒さなかった――誰もが自分と同じゆえに、疑問は起こらなかったのだ。

だがその男には、その目の中に異なった輝きを、そのまわりに異なった喜びを持っているように感じられる。彼の何かがユニークなのだ。さあ、そうなるとこの男は群衆にとっては危険だ。群衆は彼を殺そうとするだろう。ソクラテスのような人々が毒殺されたのは偶然ではない。この男のどこが問題だったのか？　彼の罪は何だったのか？　それは彼が一人の「個」として生きたということだけだ。

ソクラテスが言っていたのは、他人があなたのために造った道を歩くことはできないということだ。あなたは自分で歩かねばならない。歩くことによって自分の道を造らねばならない。これがその危険だった。自己覚醒の人こそ本物の危険人物だ。

そのゆえに、いつでも人間の宝物は個にあるものだ。禅は言う。禅とは自分がすでにかけている眼鏡を探すようなものだ、と。時折人々が急いでいる時には、それが起こる。彼らは自分の眼鏡を探し始める。彼らは、眼鏡を通して見ている。眼鏡は彼らの鼻の真上にかかっているのに探している。同じように禅も言う。仏性はどこか遠くにあるものではない、と。あなたはその真上に座っている。あなたがそれだ！　だから遠くへ行く必要はない。あなたはただ自分が誰であるかに少し敏感になればそれでよろしい、と。

それはすでに起こっている。何一つ達成されるべきものはないし、何一つ実践されるべきものもない！　禅はそれゆえに、言葉では教えない。直接に指し示す。

ある男が禅師のもとにやって来て、尋ねた。「私はブッダになりたいのです」。すると師は彼を激しく打った。男は訳が分からなかった。彼は外に出るとすぐに古い弟子の一人に尋ねた。「師はなぜぶたれたのか？」と。それに対し弟子は笑っているだけ。しつこくその男が尋ねると、ようやく教えてくれた。「教えは単純です。ブッダがやって来て、どうやってブッダになれるのかと尋ねたら、他に何ができるでしょう。相手を叩いて、あなたがそれなのだということを気づかせるしかありません。お前は何と馬鹿か！とね」。

薔薇の茂みが薔薇の茂みになろうとし始めたら、それは狂ってしまう。それはすでに薔薇の茂みだ。禅は、あなたは仮眠状態にあり、自分が誰であるかを忘れているだけだと言う。何一つなされるべきことはない。ただ思い出すだけだ。あなたはただ自分が誰であるかを思い出すだけでよい！　瞬間的な思い出しだ。

別の言い方をすれば、ブッダとあなたとは、あなたの深い意識の中では一つだ。聖典『ウパニシャッド』は宣言する。「アハム・ブラーフマスミ――私は神だ」と。これはエゴイスティックな態度から出たものでは少しもない。すべての人のために「あなたは神だ」とも宣言している。どこか他のところに、神を探してはならない。あなたはどんな聖地にも神を見いだすことはない。自分自身の内側に神を見いだすことができなければ、あなたは他のどこにも見つけることができない。

あなたが自己の内側に神を見いだした瞬間、神はどこにでもいる。

第四章　中心は静かだが、外輪が激しくまわる

社会と人生を逃避しない

人類の過去全体は、世間や社会を放棄した人々で溢れている。放棄はほとんどすべての宗教の一部、一つの基本的な原則になっている。これらの世間や社会から逃げ出した者たちは逃避主義者だ。彼らが放棄しているのは実際のところ責任だ。彼らは責任を放棄した瞬間に人は自由も放棄しなければならなくなる、ということを理解していなかった。これが生というものの複雑さだ。

自由と責任はともに歩み、ともに止まる。自由を愛すれば愛するほど、一層あなたには責任を受け入れる用意ができてくる。だが世界の外、社会の外側では、いかなる責任もありえない。そして覚えておかねばならないのは、私たちが学ぶことのすべては、責任を持つことを通して学ばれるということだ。

世間から放棄して、森や山へ逃げ込んだところで、あなたはただ学ぶべき状況から逃避しているに過ぎない。（まして頭の中に世間にいた時の市場や女性を持ち込めば、何も変わりはない）ヒマラヤの洞窟にいる限り、あなたにはいかなる責任も生じてこない。だが責任がなかったら、あなたは成長

できないし、あなたの意識は滞ったままになる。逃避主義者たちは無意識の群衆であって、目覚めた る人、自覚者ではない。

それに対し、目覚めた人は世間や社会を放棄することはできない。だが、彼が他の多くのものごとを放棄するのは確かだ。彼は社会に押しつけられた道徳を放棄する。彼は社会に与えられた価値を放棄する。彼は社会に与えられた知識を放棄する。彼は社会そのものは放棄しないが、社会が彼に与えたものすべてを放棄する。これこそ真の放棄だ。

実際、社会で道徳的だと考えられてきたことの中には、数多くの不道徳なものがある。例えば世界中のすべての社会が女性の処女性を称賛してきた。男性がまず第一に知りたがるのは、その小さな処女膜についてだ。人間の愚かさというものには限度がない。実際のところ処女性は、真に知性的な社会においては、決して称賛されるべきものではない。処女性というのは、女性が結婚後に直面することになるものについて、彼女自身はまるで無知でいなければならないということを意味する。

もっと愛情に満ちた社会では、少年や少女たちは結婚前にセックスを知ることを許されて、自分たちがこれから何に直面するのかを正確に知るようになるだろう。そして少年、少女両性とも、結婚前にできる限り多くの人々を知ることを許されるべきだ。なぜなら正しいパートナー（伴侶）を決めるためにできる唯一のことは、多くの相手、違ったタイプの人々を体験することだからだ。それ以外に正しい伴侶を見つける方法はない。

過去においては、いわゆる宗教的な人々は社会と世界の両方を放棄してきた。自覚者は社会と闘い、その理想を放棄するが、世界を愛している。なぜならこの世界、この「存在」は、私たちのまさに生の源泉だからだ。それを放棄することは生に背を向けることだ。目覚めた人は生に対して肯定的であるべきだ。彼は世界をより美しく、より愛情深く、より豊かにするあらゆる価値を持ち込む。これは私たちの世界だ——それを放棄して、行ける場所などどこにあるだろうか？

ブッダは人間の生老病死を厭《いと》うて、生を否定的にとらえたが、和尚はその言に反対すると言う。世界は非難されるべきではなく、尊重されなければならない。目覚めた人は「存在」を讃え、どのような形態をとっている生に対しても、計り知れない崇敬の念を抱く。男性、女性、樹々、山々、星々に。それが彼の感謝、祈り、宗教、革命だ。

鳥は規則によって歌っているのではない。このカッコーは大統領命令だから歌っているのではない。ただ太陽と樹々とともに楽しんでいるだけだ。

「存在」は絶えることのない、祝祭だ。花は命令されたからその花びらを開いたのではない。それは義務ではなく、レスポンス（応答）だ——太陽への応答、敬意、祈り、感謝だ。自覚者は自然に生き、自然に応答し、「存在」と親しみ、くつろいでいる。彼は「存在」に根づいた実在だ。それはそれ自身において、正確に反逆者と通底している——イグジステンシャル・ビーイング（「存在」に根づいた実存）。「存在」は彼の寺院であり、彼の聖典、彼の全哲学だ。彼はイグジステンシャリスト（実存主義者）ではない。彼は存在に根づいている。それは彼の体験だ。彼にはいかなる放棄も非難もない。

笑うことで往く人生

このように和尚のメッセージは実に単純だ。生は一つの真っ白なキャンバスであり、そのキャンバスにあなたはできる限り危険に満ちた絵を描きなさい、というにある。生を全面的に、強烈に、情熱的に生きなさい。なぜなら生より他に神はないからだ。

フリードリッヒ・ニーチェは、神は死んだと言う。それは間違いだ。なぜなら神など最初からそこにいなかったからだ。どうしてその神が死ぬなんてことがある？　生はある。今までもずっとあったし、これからも常にあるだろう。自分を許しなさい――そして和尚は繰り返す。自分が生に乗っ取られることを許しなさい、と。

過去のいわゆる宗教は、その逆を教え続けてきた。彼らは「放棄しなさい」と言う。それに対し和尚は「祝いなさい」と言う。彼らは生を否定し、和尚は肯定する。

祝祭とは、何が起ころうとも構わない、「私は祝う」という意味だ。祝祭は、「幸せなら祝おう」とか、「不幸せなら祝わない」というように、ある決まったものごとに条件付けられるものではない。祝祭は無条件なのだ。「私は祝う」。生が不幸せをもたらす――結構だ。「私はそれを祝う」。生が幸せをもたらす――結構だ。「私はそれを祝う」つまり祝祭が自分の態度であり、生が何をもたらそうと無条件だ。

あなたは悲しいのかね？　歌い始めなさい、祈り始めなさい、踊り始めなさい。すると次第に卑金属がより質の高い金属に変えられていく。祝祭はわけへだてしない。それは結びつけ、世界を一つのものにまとめあげる。二元対立は失せ、統合と共に喜びが生まれてくる。祝祭は今を志向する。彼はそれをすでに達成している。

中国にこんな話がある。三人の神秘家がいて、「三人の笑う聖者」とされていた。彼らはただ笑った——笑いながら、街から街へと移動した。彼らは市場に立ち、腹を抱えて大笑いしたものだ。市場全体が彼らを取り巻いた。するとそれは伝染し、他の人々も笑い始めた。そこは人々が金のことしか考えていない醜悪な場所だったが、この三人の狂った人々がやってきて、笑い、市場全体の質を変えてしまった。

ある時、ある村で、たまたま三人のうち一人が死んだ。これには村の人々も関心を抱いた。しかしそれでも二人はやってきて、踊り、笑い、死を祝っていた。「これはあんまりだ」と村人が言った。すると彼らは「あなた方は、何が起こったのか分かっていない。私たちはいつも、誰が一番先に死ぬか考えていた。この男が勝ったのだ。私たちは負けた。生涯、私たちは彼とともに笑った。どうして何か別のことで最後の見送りができる？　私たちは彼が死んだとは思わない。どうして笑いが死ねるだろう」と笑った。

笑いは永遠だ。生は永遠だ。祝祭は続く。すると村全体が笑い始めた。狂った二人の友人は踊っていた。そして村全体が踊り始めた。

しかし社会は深刻な人々を必要とする。大統領、首相、副首席、教授、法王、シャンカラチャリヤ、アヤトラー、イマーム、あらゆる類の聖職者、教師、長官、収税吏——。もし彼らにユーモアのセンスがあれば、社会は能率が悪くなることを恐れる。もし彼らにユーモアのセンスがあれば、彼らは人間らしくなるだろう。ユーモアのセンスとは、くつろぎを意味し、まさに知性に欠かせない要素である。

笑いは宗教のまさに神髄だ。深刻さは決して宗教的ではありえない。あなたは宗徒かもしれないが、宗教的ではない。あなたはキリスト教徒、ヒンドゥー教徒、仏教徒、ジャイナ教徒、回教徒かもしれないが、宗教的ではありえない。深刻さはエゴのもの、まさに病気の一部だ。笑いとはエゴのない状態だ。エゴのない人が宗教徒だ。

笑いは今では医学でさえ、自然が人間に備えつけた、もっとも効き目のある薬の一つだと証言している。笑いは、あなたの内なる源泉からあなたの外面に、あるエネルギーをもたらす。エネルギーは、影のように笑いに伴って流れ始める。それで和尚の講話においても、始終巧みにジョークが挟みこまれる。

ほんとうに笑う時、その僅かな瞬間、あなたは深い瞑想的な状態となる。思考が止む。笑いながら考えることは不可能だ。あなたがほんとうに笑うと、マインドが消え失せる。そしていかに無心《ノーマインド》に入るかというのが、禅の方法論のすべてだ。宗教では、踊りと笑いが最高の、もっとも自然な、もっとも簡単に近づきやすい扉だ。

全体性のパラドクス

さて仏教では往相《おうそう》と還相《げんそう》という言い方があって、これから仏の世界に向かって修行を積んでいく行為が往相、一旦仏となっては下々の大衆の世界へ帰って庶民救済にあたる方向を還相という。中には菩薩という偉い方がいて、このお方は仏になろうと思えばなれるのであるが、自分一人が救われても、下々の大衆が救われないのでは意味がないとばかりに、わざわざ仏にならずに大衆の中で苦労している尊いお方である。

しかしこの仏教的思考は一見ありがたい論理が通っているように見えて、現実にはパラドクスに満ちた思考としか言えない。なぜなら本来ならば、自己の最高超越の世界と民衆救済が同時に発生しなければ、全体的完全性とは言えないからだ。往相と還相の瞬間的同時性の論理が編み出されないことには解決がつかない。

同じように人が人生の目標として全体性の獲得を心に抱く時に生じる緊張感は、パラドクスに満ちていると、ほぼＴＰ心理学者に近いフレデリック・ヴィーダマン（『魂のプロセス』）が言う。なぜならこの道を追い求める者は皆、二つの異なる方向に向かって同時に成長したいという欲求を必然的に感じるからだ。一方で、全体性は人の内側に存在しているように感じられる。人の潜在能力は開発すれば達成できるように思える。

しかし一方で伝統的な宗教は、どんなに十分な自己実現をしても、人間の全体性は一個人の存在よりもはるかに大きなものだと主張する。そしてそのような真の全体性は、他者への奉仕を通じた自己の忘却によってのみ達成可能とされる。

「つまり人間としての自己を発達させ、かつ一方でそれを超えようともすること。それがパラドクスなのだ。これまでのＴＰ心理学においては、もっぱら「最高価値」の自己超越の面ばかりが強調され、それがゆえに現実の自己実現の要素が疎かにされてきたのが現状であって、ここまでＴＰ心理学が発展してきた段階では、それぞれの立場での「真実」がぶつかり合うことによる緊張の和解がなし遂げられねばならない。

「どうしたら私たちは現実的であり、かつ同時に私欲のない存在でもいられるのか？」という問いへの回答だ（それを科学主義と神秘主義としてもよい）。そこに目をつけて、ヴィーダマンは、両者をつなぐ介在者としての「魂のプロセス」という仮説を持ち出している。しかし著者自身風の中でマッチを擦っているような著述とあり、複雑難解だ。

それをあえて筆者流に解くと、魂とは昔から身体―魂―精神と、人間の三重構造における中間世界として広く認められているもので、現代においても、身体（内在）―精神（超越）の両者をつなぐ恰好の存在と考えられている。ただし著者の魂の特徴は、魂と魂のプロセスをはっきり区別することであって、前者の魂は生命の本質としての魂であり、後者の魂のプロセスはその活動と相互作用のプロセスとしての魂だ。

そのプロセスとしての魂は、あたかも蒸気が雲として集まり、粒子となって凝縮していき、雨へと凝結する。そして降り注いだ雨は気化し、再び雲として集まる。個別のモノではなく、このようなサイクル、プロセスとしてのみ言及することができる魂の働きだ。

そのプロセスとしての魂の働き方は、内在が上昇過程にあっては超越と猛烈な創造的緊張を体験せねばならないし、反対に超越の下降過程にあっては、これも激しい創造的緊張を体験せざるを得ない。しかしそこに真の総合過程があるのであり、それを捕まえることが両者の同時的把握だ。しかしその

ばならない。魂は、体験的にも理論的にもつかむことができない以上、もっぱら優れた直観によってとらえられね

〔日常の些少な事実のひだにも超越は隠れており〕、それに耳をすまして的確に受け取ることによって、両者のアウヘーベンされた智慧を受け取ることができる。つまり自己実現と自己超越は、お皿を洗っている時、妻と喧嘩している時、怠惰な息子と対する時、このような日常生活の中の魂のプロセスの存在を感じ取ることができるなら——、他の方法では決して得ることができないような、心の平安を手にすることができよう。

こうしたやり方において、当人もチラッと触れているが、禅の修行のありようを彷彿させずにはおかない。禅は「日常座臥《ざが》一切に禅あり」。食べること、着ること、作務を行うこと、厠を使うこと、生活全般に渉るまでが禅だ。つまり生活即禅であるが、ヴィーダーマンの超越から生活下降への理論の特色もまたその辺にあると見られる。

はるかな呼び声を聴く

そんなヴィーダマンの方法に加えて、日本のTP心理学者諸富祥彦(『トランスパーソナル心理学入門』)は、同じく超越的な魂による現実下降の方法を説きながら、異なった答えを出している。

彼によると、超越と現実の二つの道の違いは、スピリットとソウルという現代の精神世界を代表する二つのキーワードに似ていると言う。スピリットは純粋な精神に導かれてこの世を越え出ていこう

とする、どちらかと言えば男性的な衝動。一方ソウルとは、肉体や大地にしっかりと根ざした、どちらかと言えば、女性的な調和の感覚。

魂の心理学者のジェイムズ・ヒルマンによれば、スピリットとは山の彼方を目指すことで、ソウルとは深い深い谷間を想うことだ。高い山の頂と、深い谷の底。何れについても言えるのは、どちらも直接見たり確かめたりできないものだということ。私たちにできるのは、ただそこに、この世とは違う何かがあると憧れ、そのかすかなイメージを味わい、楽しむことだけ。その一片をこの世に持ち帰り、大切に慈しむことだけだ。

毎日のささいな出来事に、そのような「向こうからの呼び声」を聴く。一つ一つの物事に「自分を越えた何か」の働きを見る。そんな生き方が今見直されているのだ。アメリカで大ベストセラーになった『魂のコード』の著者ヒルマンと『魂への配慮』『ソウルメイト』の著者トーマス・ムーアが、それらの思潮の立役者だ。

そのキー・コンセプトがソウル（魂）だ。日本語で魂というと、どうも「霊魂」を想像してしまうが、彼らの言うソウルはそんなものではない。それは個々の人間の心《マインド》を越えた「心」の働き。心《マインド》の井戸を深く深く掘っていき、底を突き抜けたところに広がっている心の領域のことだ。「自分の向こうから降りてきた何か」が、この世界で形をとったものとして、人生の出来事を理解していく。「〜に狂った」と言う場合、その心の動きは、この世界の向こうから何かが降りてきたと考える。それが魂の心理学の立場だ。

両親との関係で植えつけられた心の傷（トラウマ）によってではなく、運命の守護霊の誘いによって、私たちは自分固有の人生を歩み始めるのだ、というものの見方だ。ヒルマンはこうした「運命の感覚」の復権を説く。ヒルマンは人生には、理屈では説明できない「何か」があり、その「何か」が何れやってきて、私たちをある一つの道に呼び込んでいく。そしてその「何か」が、私が私であるために必要なものだと訴える。

こう考えればあなたの周りのさまざまな人間関係、さまざまな出会いがすべて、かけがえのない、慈しむべきものに思えてくる。すなわち「ソウルメイト」（魂の友）と感じられる。

ただしこれはいわゆる「運命論」とは異なる。運命論というのは、私たちの人生はすべて運命によって決定されているという考え方だ。これに対し魂の心理学は、私たちの人生には私たち自身の意図を超えた運命の力がある。しかし大抵の人は、そのことを忘れており、そのため人生を粗末に扱う習慣を身につけている。だから私たちの人生に働いているこの「運命の力」を思い出して、自覚的な展開の内に生きよということだ。

私たち自身の意図を超えた力を自覚的に生きる。これは最近流行りの言葉でいうと、「フロー」をつかんだ生き方だ。フローとはツキのような私たち自身の意図や努力を超えて働いている流れのことで、アメリカの心理学者チクセントミハイが提唱した概念だ。

私たちの向こうからの呼び声に答える具体的方法として考えられた、もっとも優れた方法がアーノルド・ミンデルの創始した「プロセス指向心理学」だ。この方法は要するに入手可能なあらゆる手がかりを活かして、可能な限りの「気づき」を獲得し、人生のプロセスを自覚的に生き抜いていくための総合的アート（技芸）だ。その目指すところは、この「宇宙のプロセスそのものに従う」こと。気づきを伴い、今、この瞬間瞬間を完全に生きることだ。こうしたミンデルの見方には、常に流動的に生成し消滅する可能性を見ていく量子力学的な視点がある。翻っては老子のタオの歩みとも理解できる。

このヒルマンとミンデルの方法は、フランクルの自分の人生の意味ではなく、その時その時の人生の側の問いに答えるという立場にも重なり、抽象的にして極めて具体的な提案だと言える。そしてその回答は和尚の具体的な地上の歩み方にも似ているが、和尚は東洋聖典に習って、もっと直截な超越と現実の同時的渡り方を教えてくれる。

この世の演技者であれ

それはどんな教えかというと、人はこの世において行為を避けることはできない。生きている限り行為はつきまとう。「行為に染まることのないように、行為をやめよ」と言うのは誤りだ。生きている限り、行為はつきまとう。息をしているのも一つの行為、行為しているのは店の経営者ばかりではない。乞食すらそうだ。

こう考えると、私たちは行き場を失う。何もしなくともいいようにと逃げ出しても、逃れること自体は行為になる。行為は私たちを固く縛る。

この窮地から抜け出す道は、一つしかない。それは行為をやめるわけにいかないとしても、行為者でなくなることだ。行為を続けながら、どうやって行為から自由になれるというのだろうか。その質問に対し、イーシャ（聖典『ウパニシャッド』）は行為しつつも行為者にならずにいられることを教える。普通なら、行為をやめる時にのみ、行為者でなくなるように思える。しかしイーシャは実にはっきり、それは無理だという。反対に可能なのは、事をなしながらその行為者にならないことだと言う。

行為者になってはならない。では、どうすればできるのか。それについては、舞台で演技してみることだと答える。そうすれば行為者にならずにいられることが体験できるだろう。ラーマはシータがいなくなった時、森の中で泣いた。木から木へと走り寄り、幹に抱きついては「シータはどこだ」と叫んだ。これが役者なら木々に向かって叫びながら、ラーマ以上に激しく、如才なく、上手に嘆いて見せることができるだろう。彼はラーマとまったく同じ行為をする。だがその背後には行為者はなく、役者がいるに過ぎない。

行為には二種類ある。一つは行為者がいるものと、もう一つは役者がいるものだ。もし役者が行為者にとって代われば、その行為は見かけ上続いているものの、中身はまるっきり違ったものになる。行為を行っても、それに繋がれないし、その影響も受けない。それは完全に外部の出来事となり、内部に入ってくることがない。ラーマを演じる者がいくら泣き叫んだとしても、ハート（自分の中心）から出てくるものではない。

この世で煤で汚れた埃にまみれるのは行為者であって、行為ではない。行為それ自体が人生の煤で汚れるのであれば、開放はありえない。しかし内側を深く探究する者は、石炭くずが付着するのは行為者であって、行為にではないと言う。つまり汚れが付くのは、「私は〜する」という時、行為が強調され、「私」と行為が同一視される時だけなのだ。汚れるのは「私」が行為と一体になり、「私は〜

する」という時に限られる。

内に「私は～する」という人物がおらず、同時に役者が舞台にやってきてドラマが演じられ、演技が続くことを知る人物がいれば――。舞台がどんなに大きくても、それがドラマであることには変わりはない。全世界が舞台であってもいい。どんな長い時間のドラマであっても、それでもドラマには違いはない。内側から、それをドラマとして眺めていれば、あなたの中心は少しも影響を受けないことになる。

この理解を内に秘めていれば、全世界はリーラ（遊戯）――芝居、ドラマ、あなたの舞台となるだろう。そして人生それ自身、物語となり、私たち役者は動ずることがない。

なるほど心《マインド》というものは、真理的に見れば単なるフィクション（虚構）に過ぎない。しかし心理的には、それには一定のリアリティがある。私たちは、この世界に生きている限りにおいて、この心理的リアリティと接触しないわけにはゆかない。この矛盾を克服するためには、いかなる行為の時にも、私たちはあたかも車軸のように中心の沈黙の自己（役者）を保っていることだ。まるで心《マインド》が主人であって、自分はその下男にはならないこと。逆に心《マインド》を自由に道具として使い、自分はその超然とした主人公でいることだ。

心《マインド》は全存在中でもっとも洗練されたメカニズムなのだから、人間の心《マインド》となればなおさらのことだ。それはもっとも進歩した機械であり、素晴らしい使い道がある。が、あなたが主人公でなければならない。そうでない限り、それを使うことはできない。

だが実際の状況では、自動車が人間を運転している。運転手は少しも気づいていない。おそらく酔っぱらっているのだろう。彼は車のなすがままに、それのいくところについていく。さあ、彼はどぶに落ちずにはすまない。あなたは機械に従っている。人間の頭脳は生物コンピューターだ。主人として使う限り、それは素晴らしいものだが、それに使われることは危険だ。それから解き放たれるなら、自由の味わいを知ることができる。

第五章　死に応じる者が至高の生を生きる

人間に死はありえない

終章は死についてであるが、第一に和尚は「人間に死はありえない」と言う。われわれは、知り得たものからは自由になる。一度でも死をちゃんと見れば、その人は死から自由になる。したがって死に勝利するという言葉も無意味な表現である。例えば二に二を足して五と書いた人が、翌日二足す二は四だと知ったら、その人は五に打ち勝ったなどと言えるだろうか？　それは単に二足す二は四であることを知ったに留まる。そのゆえに死から自由になる必要もなければ、死に打ち勝つ必要もない。ただ死を知ることで自由を知り、知ることそれ自体が勝利となるのである。

そうした観点からみれば、死よりも大きな嘘はないということだ。われわれは自分自身の生すらも、死の恐怖からつくりだしてきた。死の恐怖ゆえにわれわれは金を追い求め、より高い地位に野心を燃やしてきた。そしてもっと驚くべきことは、寺院もまた、死の恐怖から生じてきたということだ。だが死ほどの欺瞞はない。

人々はただ死を恐れるがゆえに、魂の不滅を信じる。ただただ恐れるがゆえに、彼らは「魂が不滅だ」と繰り返すことによって、死をごまかすことができると思っている。そのような反復によって、死が偽りとされることは決してない。このようにしてわれわれは死に背中を向けて逃げているのみである。

しかし本当に死の恐怖を去るには、例えばやしの実の例を考えてみればよい。やしの実は中がまだ生であれば、殻を割ろうとすれば、中身もともに割れてしまう。しかし充分乾燥したものであれば、中身が出てくる。それはちょっとした違いで、乾燥したやしの実の中身ならば内側で縮んで、殻から離れている。だから中身を取り出せるのだ。

それと同じことで、殻即ち肉体と、中身即ち意識が、今この瞬間に分かれたなら、死は終わるということだ。その距離をつくりだすことによって、あなたは殻と中身が別々の二つのものだということを、殻が砕けてもあなたは生き残りつづけることを知る。つまり以前に語ったとおり肉体からの「脱同一化」により、あなたの崩壊やあなたの消滅などといった問題は存在しないことを知ればよい。

むろんそれでも死は起こる。しかしそれがあなたの内側にまで浸透してゆくことはないのだ。死はあなたの外側で起こる。つまり本来のあなたではないものだけが死ぬということであって、あなたそのものは生き残るということだ。肉体もまた深い意味合いでは衣服の一つで、死は衣服を脱ぎ変えるごとき容易なものだ。

肉体には、聖なるものが気品に満ちて腰を下ろしている。これは何と興味深いことであろう。物質の壁と、生の神性。正しくは死からなる壁と、生からなる神性。この関係はあたかも呼吸をしているようなものである。入ってきた息が、しばらくしてまた出ていく。つまり吸う息が生であり、吐く息が死で、つまり生と死は一緒に歩いているのだ。その意味では、誕生と死は同一のものであり、誕生から死が始まる。

肉体と自己との別離については、数多くの実例が示してくれる。苦行としての断食の根本的目的は、「空腹がそこにある。しかしそれは私から遠く離れている。肉体は飢えている。しかし〈わたし〉は違う」という体験をすることにある。割れたビンの上を裸で転げ回ったり、ほほを針で突き通したりするものがいる。もっと極端には、麻酔なしで二時間もの手術を受けた人がいる。これらは肉体と自己との乖離を意味する。

したがって時期至ってわれわれが肉体を去っても、その後には必ず死に得ない何ものか（目撃者・観照者＝永遠）が残る。夜が暗ければ暗いほど、星は明るく輝く。雲が黒ければ黒いほど、稲妻のひらめきは銀の織糸のごとく際立つ。同様に、死がその全容を持ってわれわれの周囲を取り囲むとき、その瞬間、生の核心が一切の栄光の下に現れる。その生の核心をアートマン（真我）とも、魂とも呼ぶがいい。燦然と光輝くのだ。

ところがその瞬間、われわれは無意識になるのだ。死のまさにその瞬間、自己の存在を知る瞬間になりうるその時に、われわれは無意識になる。それゆえ日頃から、自らの意識を呼び起こすべく、人は準備をしていなくてはならない。瞑想がその準備なのだ。

ホロトロピックな場が残る

このように和尚の死観の「人間不死説」には、近代的、科学的、合理的精神の犠牲者である現代人は、誰しも疑念を抱くであろう。しかし厳密な臨床家であるＴＰ心理学者は、その通りと肯定するのだ。死の後も生は続くものと認めている。

その例を挙げると、ラルフ・メッツナー（『無意識の探検』）は次のように言う。

生と死は対立するものとは思わない。それに対してはこのように考えた方がいい。死に対立するものは誕生で、死にはその両方が含まれると。生にはいかなる対立項もない。生こそすべてであり、すべてが生きている。出生前の研究によって分かっているように、誕生の前には生があり、また死後にも生が存在する。つまり生死は一般に対立するものと考えられているが、死は生の否定ではないわけだ。

もし尋ねれば、大半の人が生の反対は死であると答えるだろう。しかしよく考えて見れば、誕生と死は生への入り口と出口ということになる。生はさまざまな形態をとりながら存続する。死と再生の謎の研究や『チベットの死者の書』は、死の連続性を物語っている。輪廻を念頭に置けば、誕生と死は単なる形態の変化に過ぎない。

実存主義者は無意味さ、夢、恐怖といった時点に到達しているが、それは彼らがその時点を超えていく方法を持っていないからである。仏教徒はそれと同じ体験と直面するが、彼らは「万物の核心は空である」ととらえて解決している。

そうでなくとも、死と再生の体験、臨死体験、あるいはLSDによるサイケデリックな状態で、主観的に死につつあると感じた人々の大半は、実際には自分が死なず、再生したことに気づき、死に対してあまり恐怖を抱かなくなる。

もちろんそれは死の願望という意味ではなく、死の受容、即ち生の受容という意味である。これは言ってみれば、一人の人物が経験しうるもっとも深遠な変容体験の一つであると言える。自らの死と直面し、それを否定したり恐れたりするいかなるエネルギーも使わず、死を受け入れる時点にまで到達する。

また、スタニスラフ・グロフ（『無意識の探検』）は次のように語る。

ご存じのように現代物理学では光や物質に関して、波動／粒子のパラドックスということをいう。特定の実験では物質や光は波のような属性を示し、別の実験では物理的な粒子の属性を示す。そこで人間を研究対象とする科学も、人間自身に関して同様に問題となる逆説的な証拠を集めてきた。つまり一方の場面では、われわれはニュートン的物質の物体の属性を示している。そういった意味では特定の時空間的相関関係に縛られている。

ところが非日常的意識状態で現れてくるもう一つの側面では、われわれのアイデンティティ感覚は個を超えてはるかに広がり、「全存在」を包括し、身体自我と「全存在」の間のいかなる地点にもいくことができる。

そこで死をどう捕らえるかという問題に戻ると、死に際して起こるのはニュートン的イメージとの体験的同一化から、意識場イメージとの同一化への移行だと言う。私たちはこれら二つの意識の様式をハイトロピック（向物性）とホロトロピック（向全性）と呼ぶ。ハイトロピックとは、自分自身を三次元的な空間と線型的時間の中に住む孤立したニュートン的実態と見る日常的意識であるが、ホロトロピックな様式になるとそうしたものをすべて超越して、普通の状況ではわれわれとはまったく無関係な人物や物と一体化してしまう。死に際してはこういった、いわば一面的なニュートン的様式とのアイデンティティがはずされてしまうんだと思うと言うのだ。

ハイトロピックなアイデンティティが断ち切られ、ある意味ではより広い宇宙的な立場に立ち、ニュートン的基盤に縛られない、さまざまな体験的領域に入っていく。ということは、ホロトロピックな存在感覚というものは、ハイトロピックな存在——つまり身体、それもあらゆる種類の身体——がなくとも存在しうるという意味だ。

われわれの真のアイデンティティははるかに広大なものだから、例えば、実際に生物学的危機に関連した死の体験であれ、瞑想、セラピー、トランス状態であれ、サイケリディクな状態であれ、死の状態で起こるのは、限定的アイデンティティの超越と、より広い包括的な宇宙的アイデンティティへの移行なのだ。

過去生の記憶と転生者

それでは人間不死であるものが、その後はいかにして存在するのか？　これに対しては和尚は再びこの世に生まれ、再誕した者はその前世の記憶も持ちうると言う。

人間の過去生については、ジャティ・スマランというそれを思い出す手法がある。それは瞑想の一種だ。瞑想とは、単に注意の焦点を合わせることを言う。それで注意の焦点を与えられた対象に合わせるといった応用もありうるわけだ。記憶は決して消し去られはしない。ジャティ・スマランは、眠っている過去生の記憶に焦点を合わせる手法だ。

そうでなくとも記憶の記憶というものは簡単だ。例えば何月何日の今日の出来事を紙に書きつけておいて、引き出しに鍵をかけてしまってしまう。二年後に、その日のことを思い出してみる。書きつけを開いて、自分の記憶とくらべてみる。すると紙に書いてある以上のことがいろいろ思い出せるのでびっくりするだろう。

人間の出来事は、確実にその人間の中の記憶に戻ってくる。前記したように、ブッダはこれをアラヤ識と呼んだ。アラヤ識とは意識の貯蔵庫という意味だ。この貯蔵庫は永久に変わることなくわれわれとともにある。

仮に五歳まで思い出せる人は、五歳を越えていくことができる。それはさほど難しいことではない。五歳の向こうにまた別の扉がある。さらに誕生の時点へと導いてゆく扉である。そこからまたして母親の子宮の中にいた記憶へと伸びてゆく。さらには受胎の時点へと至り、そこに自分の魂が入り込む瞬間にたどり着くことができる。この時点へたどり着いてはじめて、人は自分の過去生に入ってゆけるのだ。一端、過去生を思い出すことに成功し、それが夢のように見え始めると、時を移さず現世も夢のように見え始める。

人間の生まれがわりも確実にありうる。（再生図参照）

ウイルバーの“いのち”
のライフサイクル

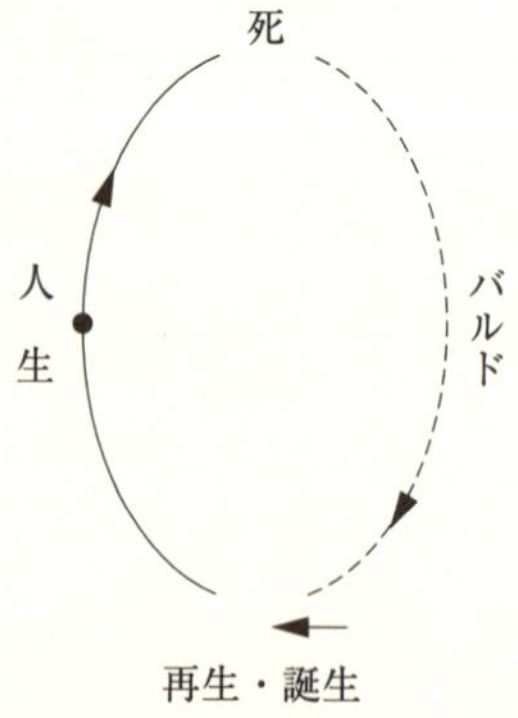

出典：諸富祥彦『トランスパーソナル心理学入門』（講談社）103頁

密教の教典『チベットの死者の書』においては、四九日の間に死と再誕の中間のバルド（中有）という領域を抜け出ては再誕に至る、と克明に描き出されてある。ただし魂によっては、死後すぐに新しい肉体に入り込むのに手間取る魂もある。すべての魂は、分類すると三種類に分けられる。一つはもっとも低きものたち――もっとも劣った意識を持つ人々。もう一つは非常に高きものたち――非常に優れた、もっとも純粋な意識。そして三つ目はその中間の人々――その両方の何がしかが混ざり合ったものの三種である。

これら三種の魂のうち、中間にいる凡庸な魂はいささかも遅れることはない。前の肉体を離れると、ただちに数多くいる凡庸人から新しい肉体を得ることができる。

人が死ぬとすぐに、その魂は何百という人間を、何百という男女が愛を交わしているのを見る。そしてどれか惹かれる組み合わせがあると、魂はその子宮に入り込む。しかし多くの優れた魂はありきたりな子宮には入りこめない。それらは並はずれた子宮を必要とする。優れた魂は、自分たちの誕生にあたって最高の次元の可能性を手にするために、ずば抜けて高水準の意識を持った男女の合一を要求するのだ。

同様に、劣悪な魂もまた再誕に時間がかかる。なぜなら、それらもやはり簡単には劣悪な組み合わせは見つからないからだ。そのため最高と最低の部類はめったなことでは生まれてこない。片や凡庸なたぐいには何の苦もない。彼らを受け入れるにふさわしい子宮は、この世に途切れることなく存在するからだ。

自分に適当な子宮を見つけるのが困難なために、優れた魂は次の誕生までに何百年も待たねばならないことがある。しかも驚くべきことに、これらの魂はほとんど時を同じくして地上に現れるものだ。例えばブッダとマハヴィーラ（ジャイナ教の開祖）の二人は二千五百年前のインドに生を受けている。ともにビハール生まれだ。しかも同じ頃、他の六人の光明を受けた人々がその同じ州の中にいたのだ。

ただしこうした優れた魂（先にいう第五身体以降）の生まれ変わりは、一代限りであって、解脱して二度とこの世に生まれ変わってこない。しかも彼らは存命中にあっては深い瞑想者であり、死に際しても瞑想的に（自覚的に）迎えねばならない。かの哲人ソクラテスは毒薬をあおいで、周り弟子たちにその毒薬の肉体への効き方を逐一伝えながら、最後に「それでもわたしは在る」と言って肉体を去った。グルジエフの門弟だったP・D・ウスペンスキーは、医師に死を宣告されてからは、旅をし、走り、動きつづけ、最後に歩きつづけながら、「あと十歩ですべてが終わる」と言って死んでいった。

ここで転生者を見つけた

その人の先代、あるいは先々代の過去生の体験については、これまで数多くの実例が登場し、かなりの数の単行本として上梓されている。この分野の専門の博士号を持った研究者がいるし、事例によっては公共的な調査団が組まれて調べたところ、転生者の細かいリアリティとまったく一致したという報告もある。

また転生者については、一般人にとって驚くべき解説書の中で、和尚がよりどころにしているのは『チベットの死者の書』であることがわかる。これには和尚に理解を持とうとしている人も、多分「これはいかがわしい」と感じることであろう。しかしそれは誤解であって、やはり和尚の言には信憑性があるとしか言えない。

なぜならこの転生を描いた『チベットの死者の書』というのは、集合無意識の分野を開拓しようとしていた心理学者のカール・C・ユングが絶賛して、一躍有名になった書である。われわれの心の内界は、生命の種の発生以来の、何億年にわたる魂の歴史の物語をそこに秘めていることにユングは気づいたのであるが、一九六〇年代、それが世界的にいっせいに堰を切ったように溢れ出てきたのだ。

したがってTP心理学においても、この書が認められ、すでに取り上げたラルフ・メッツナーにおいても記述されており、TP心理学の二大人物ケン・ウィルバーとスタニスラフ・グロフの主著においても当然のごとく引用されている。ラム・ダスらはLSDのような合成的な薬物を通して自ら幻覚体験のうちにあって、この書とぴったり一致したと『サイケデリック・イクスペリエンス（魂を開示する体験）』を著している。

またこの書についてはNHKスペシャルで映像化され、その後二人の記者によって単行本化されている。この本の中で現在はインドのジャムー・カシミール州に属する小チベット、ラダックで転生童子を見つけてレポートしているので、簡単に紹介する。チベットには現在二百人の生まれ変わりがいるそうであるが、輪廻を信じているチベットの精神風土の中でも、生まれ変わりは奇跡に属するのだ。

この転生児の発端はそもそも一九八二年一月二四日、ラダックの首都レーで大規模な経済援助の訴えの政治デモが行われたことに由来する。この時のデモで先頭に立っていた高僧のソクラパ・ウチョス・ランツォクが警官の銃弾に倒れた。

死から二年後の一九八四年、ランツォクの出身地で生まれた赤ちゃんが、彼の生まれ変わりであると信じられるようになった。ある日尼さんの家へ遊びにいって、尼さんがお茶を出してくれると、いくつかある湯のみのうちから、死んだ僧侶の湯のみを取り上げた。この出来事は死んだ僧侶の母親代わりだった叔母を大変驚かせた。

それから一九八六年、名高いオラクル（お告げ師）に貴人に捧げる白い布をかけてもらい、名前も新たにゾッパと命名された。

オラクルの報告を受けたラダックの仏教界は、すぐに調査団を組織した。生まれ変わりが認められるためには、決まったいくつかの要件を満たすことが必要なのだ。この調査団に加わった僧の一人が、「彼は本当の転生者です。彼には前世の記憶があります。死んだ僧の叔母の家では、彼はいろいろな物を正確に見分けました。たとえば箱の中の衣類から〈これは僕のものだ〉と言って、僧の毛皮を取り出したりした。それに何といっても、身体にある弾丸の痕が証拠でした」と証言した。決め手になったのは子供の痣だった。

取材班は今は学問寺に学んでいるこのゾッパをインタビューしているが、「ゾッパの話を聞いていると、そんな常識を越えた不思議がこの世にあるかもしれないという気がしてきた」と記している。さらに今まで見たことのないランツォクの写真を見せると、ゾッパは「これは自分だから、ここに置いていってほしい」と話したので驚いたと言う。

　こうした転生話については、和尚自らも偶然語っている。和尚の今回までの最後の生は七百年前で、山中に神秘教団を率い、遠国からの多くの伝統や道に属する弟子たちを集めていた。その師は一〇六歳まで生きて、死を前にして二一日間の断食に入ったが、終了三日前に殺された。そのことで『反逆のブッダ』の著者ヴァサント・ジョシが母親に尋ねてみると、母親は「はい、生まれて三日間は乳を飲みませんでした」と答えたと言う。

　赤ん坊和尚は過去生でやり残した断食の三日間を、この世で埋め合わせたのだ。

死ぬ技術を教えている

　最後に、和尚が語る死についての最重要な視点は、人間は生きてあるうちに死を得ることで生が燦然と輝くということだ。

　太陽は、昇った瞬間に沈みはじめている。日の入りは日の出におとらず現実なのだ。方角が違うだけだ。日没時に、太陽は日の出の時にあったとまったく同じところにきている。ただし日の出の時は東にあったものが、日の入りの時は西にある。一方では昇りつつあるものが、一方では沈みつつある。日の出と日の入りは同時に進行している。現実は、日の出の中に実は日の入りが隠されているのだ。

　同じように人間には誕生が一方にあり、死がもう一方にある。誕生の中に死が隠されている。したがって誕生と死は同じ生の二つの側面なのだ。事はそういうものだと知っている者に、それを否定するすべはない。その時人はすべてを受け入れる。

その死の受容とともに変容がやってくるのだ。そして人は死を受け入れた途端にその人は笑いだすだろう。なぜなら、その人は死が存在しないことを知るからだ。形づくられ崩されるのは外側の覆いだけだ。海は常にそこにあった――形をとってはやがて砕けていったのは波だけだ。われわれの死は波である。波が海に帰っても海は依然としてある。このようにして、波は生の中で幸福であり、死の中でも幸福だ。

なぜなら「在るもの」は決して生まれもしなければ、断じて死にもしないことを波は知っているからだ。「在るもの」は在るのだ。変わっていくものは形だけだ。

従って死を無視する者は、生をも無視することになる。それはちょうど一枚のコインのようなものだ。表の生を取れば、同時に裏の死もついてくる。裏の死を取れば、今度は生がついてくるのだ。コインの片方だけ取っておいて、もう片方の面を道に捨てるというわけにはいかない。その意味では毎瞬毎瞬が生と死なのだ。

あるいは倦み疲れて惨めな人間は、死ですべてが終わると考えることに喜びを見いだすかもしれない。しかしこの思いがその人にとって喜びであるのは、この思いが正しいからではない。あなたにとって好ましく思えるものが必ずや真実であるなどと、決して思い込まないこと。なぜなら、好ましく感じられるというものは、真なるものをよりどころとしているのではなく、あなたが好都合だと思うものをよりどころとしているからだ。

和尚は瞑想を通じて死ぬ技術を教えている。なぜなら死ぬ技術を学ぶ者は、生きる技術の大家になるからだ。死に応じる者だけが、至高の生を生きるにふさわしい者となる。いかに己を消し去るかを知った者だけが、いかに在るかを知るようにもなる。

そして現実の己の肉体からの離別に際しても、和尚は自分の墓碑銘として次のような文字を残していった。「和尚／生まれることも／死ぬこともなく／一九三一年一二月一一日から一九九〇年一月一九日まで／この惑星地球を訪れる」。

このような和尚の断言的な死観については、ＴＰ心理学者の間でも肯定されており、ラルフ・メッナーはこのように言う。

「――モハメッドのように〈死ぬ前に死ねば、死ぬ時に死ぬことはない〉と言う人もいるし、禅師無難のように〈何をするにしても死んでおれ、完全に死んでおれ〉と言う人もいる。そうすれば、何をやっても間違いは起こらない。自分がそれに関わっていないし、自分自身とその行動を同一視することもない。自我がからんでいないために、何をやっても自由でいられるからだ。個人的な過去の生や死からくるカルマ（業）的状況ともいうべき死との意識的直面や遭遇は、変容体験には不可欠なものだ」（『無意識の探検』要約）。

またスタニスラフ・グロフは次のように語る。

「――例えば、自分が二週間以内に死ぬことを知っているガン患者が、死と再生の体験をしたために、実際の死に恐怖することなく直面できることもある。つまりこのような例は死の恐怖というものが、実際の生物学的終焉と必ずしも繋がっていないことを示している。瞑想のような、死の体験を訓練する文化圏に住んでいる人にとっては、現実の死にあっても、何度もあった死の体験の一つに過ぎないと受け止められている。のみならず、存命中に心理的な死を体験すれば、その度にさらに生き生きとしてくる。逆説的であるが、実際に死を体験した人は、はるかに生き生きとしてくる。その原因は、現在の瞬間を享受する能力を汚しがちな死に関する過去の記録や青写真が消滅してしまうからだ」

(『無意識の探検』要約)。

和尚の具体的な社会構想

和尚のモデル・コミューン構想（一）

終わりに、本文に述べてきたような和尚の精神霊的世界にあって、この現実の社会では具体的に一体どのような社会構想を抱いているのであろうか？　それを要約して一つにまとめてみると、本文にもあるようにコミューン（共同体）ということになる。

和尚はまず何よりも現代への危機感を持っているのだ。歴史社会的に見て、現代の人類は十字路に立っているとする。それでもしわれわれ自身の消滅を選ばないとあれば、人間の〈生〉のすべてを含意するモデル・コミューンを創造することだと言う。

そこでは家族は社会の基本単位として存続することはできない。この家族こそが無数の病の根本原因なのだ。これこそが国家、人種、宗教組織の素材となる基本的な煉瓦だ。その家族が全人類の男性の、また女性の至福を破壊してしまった。その基本的構造は所有的だ。夫は妻を所有し、夫婦は子供たちを所有する。そして一人の人間を所有した瞬間、人はその人間の尊厳を、自由を、彼の人間性そのものを奪ってしまうことになる。

だから大事なのはモデル・コミューンには家族はないということ。すなわちそこには結婚はないということだ。史上初めて、愛に尊敬が与えられなければならない。愛が二人の人間の間の唯一の法でなければならない。愛が消えた瞬間には……あらゆる本当のものと同じく、愛もまた変化する。結婚は永続的だ。だがそれは愛を殺すことによってのみ永続性を得ている。結婚がその家を建てるのは、愛の墓場の上だ。

それに対してモデル・コミューンは自由な精神の交換の場になり、その集まりになる。子供たちは、両親にではなく、コミューンに所属するのがよい。両親はもう充分に害をなした。彼らがこれ以上、自分の子供たちを台無しにするのは許されない。例えそれがすべての善意から出たものでも、その結果はすべて醜い。親は自分の子供に競争するように教える。競争は嫉妬をもたらす。親は子供たちに、この世でひとかどの者になれと教える。それが生を苦闘にする。それはあまりに破壊的なので、人の喜びのすべてを奪い去る。

コミューンとは野心のない〈生〉、全員に対する機会均等の宣言だ。だがカール・マルクスと和尚の違いは覚えておくがいい。和尚は人々に平等を強いることには賛成しない。なぜならそれは心理的に不可能な仕事だからだ。そしていつであれ、人が自然に反したことをすれば、それは破壊的で有害なものになる。どの人をとってみても、個々の人間は決して平等ではない。ただし和尚は平等に賛成しないが、同時に不平等にも賛成しない。和尚は誰もが自分自身でありうるような、平等な機会を創りだすことに賛成する。

同時にこの世を良くするには、自分の古い考えを捨て去ることだ。古い考えとは、自分の子は自分の血を受け継いでいるべきだ、という観念だ。これは全くのナンセンスだ。私の血とあなたの血で何が違うというのかね。新しい知性は、子供のために正しい種を選ぶべきだ。それが誰からやってきたものかは問題ではない。

それ故コミューンの病院には、まさに血液銀行と同じような精液銀行があるべきだ。そうすれば、夫婦は医者のところへ行って、自分たちがどんな子供を欲しいかを言うことができる。ボクサー、モハメド・アリのような人、イエス・キリストのような人――どんな人でもいい。今では受胎以前にさえ、子供の全個人史を読み取ることが可能だからだ。新しい子供の生命となるべきあらゆる細胞には、全プログラムがある。その子が健康か病気がちか、舞踏家になるのか、科学者になるのか。それを選ぶことができる。

それから私有財産はあるべきではない。あらゆるものがコミューンに所属すべきだ。個人の基本的な要求は、コミューンによって満たされなければならない。そしてコミューンが豊かになるに従って、あらゆる個人がより以上の快適さ、より以上の贅沢を与えられなければならない。というのも和尚は贅沢とか快適に反対ではないからだ。和尚はサディストではない。宗教や社会主義の名において、誰一人犠牲にされるべきではない。

かくして、過去の古い家族の時代は終わった。都市の時代は終わった。国家の時代は終わった。世界は、小さなコミューンの集合体からなる、一つの世界であるべきだ。ただし従来からも共産主義は説かれてきた。しかし従来の共産主義にはたった一つ欠けているものがある。それはスピリチュアリティ、霊性だ。モデル・コミューンは求道者たちの、恋人たちの、友人たちの、〈生〉のあらゆる領域での創造的な人々の霊的な集まりであるべきだ。それなら彼らはここに、この地上に、天国を作ることができる。

そしてこのモデル・コミューンでは、例えば次のような施策が可能であろう。

○

産児制限の必要――ベンガルでは、母親が自分の子供たちを食べるほどの大飢饉があった。人々は自分の子供をたったの一ルピー、二ルピーで売った。その子供たちを買っていた人たちが人間を買っていたと思うかね？　違う、彼らは食い物を買っていたのだ。

ローマ法王やマザー・テレサは、すべてこの種のことに責任がある。

ピルはただ、母親の子宮の中で子供を形成させないだけだ。だから人権という問題は起こらない。今では科学は男性用のピルも発見した。必ずしも女性がピルを飲まなければならないということはない。それゆえその場合には、この根本的権利は適用されない。

しかしこの宗教家たち――インドのシャンカラチャリヤ（大聖）たち、イランのアヤトラ・ホメイニ、そして世界中の宗教家たち――そしてすべての宗教は、産児制限の技法に反対している。しかしそれは人間が野蛮な状態に陥ることを防ぐことのできる唯一の技法だ。私は産児制限の技法にまったく賛成だ。このまま放っておけば、今に極端な人口増加で地球は破裂してしまうだろう。ただし一旦生まれた子供は、誕生した時も、そしてその後も、人間として尊厳な対象として認められるべきだ。しかし若干の例外もあるが。

もし子供が盲で生まれたら、もし子供が聾や唖で生まれたら、そして私たちがどうすることもできなかったら――。ただ、生命は破壊されるべきではないというだけの理由だけで、この子供は――あなた方の愚かな考えのせいで——七十年、八十年の間苦しまなければならない。なぜ不必要な苦しみをつくり出すのか？　もし両親が望むなら、その子は永遠の眠りに入らされるべきだ。そこには何の問題もない。ただ肉体がその基本的な成分の中へ帰るだけだ。魂は別の子宮の中へ飛んでゆく。何も破壊されない。

もしほんとうに子供を愛しているなら、あなたはその子が不幸、苦難、病気、老いの中で七十年の長い人生を過ごすことを望まないだろう。だから子供が生まれても、もしその子が医学的な意味で、全感覚器官と健康を持って、充分に人生を楽しむ能力がないとしたら、その子は永眠して、より良い肉体を持ったどこか別のところに生まれる方がいい。

しかし生命への権利は複雑な問題だ。誰一人、宗教の名の下においても、他の誰かを殺す資格はない。それにもかかわらず、何百万という人々が、宗教の名で、神への奉仕の下に、殺されてきた歴史が存在する。

○

教育に瞑想のカリキュラムを——

真理を見いだすためには、幼稚園から大学までの全教育体系が、瞑想のための特定の雰囲気をつくり出さなければならない。瞑想はどんな宗教にも属さない。それは「内なるもの」の純粋な体験科学だ。

私は学生たちが勉強している科目が何であれ、彼らの意識がもっとも曇りなく明晰になるように、瞑想を全学生の必修科目にしたい。そうすればその明晰さによって、私たちは素晴らしい世界が創り出すことができよう。静かに沈黙することを学ぶ。注意深く見守ることを学ぶ。観照者であることを学ぶ――あなたは思考ではなく、それを超えた何か（意識）であることを学ぶ。そう学ぶことは、あなたが真理を受け取る準備を整える。

そして多くの人々によって「神」と呼ばれ、他の人々によって「涅槃《ねはん》」と呼ばれてきたものこそ、真理だ。別の人たちによって別の名前がつけられてきたが、それは名前なき沈黙、清澄、平安だ。その平安はあまりにも深いのであなたは消えてしまう。そしてあなたが消えた瞬間、あなたは神の寺院の中にいる。

だが不思議なことには、人々は人生の三分の一近くを学校や大学で無駄に過ごしていながら、沈黙については何も知らない。くつろぎについては何も知らない。自分自身については何も知らない。彼らは全世界については知識を持っている。それなのに、かれらが自分自身についてだけは忘れてしまっているというのは、実に奇妙だ。しかしそこには何かそれ相応の理由があるように見える――。

あなた方は、私の提案が包括するものすべてを理解しなければならない。どんな知識分野においても、瞑想こそが中心課題であるべきなのだ。特に遺伝学のような、極めて重要であり、新しい世代、新しい人間、新しい世界を生み出そうとしている部門は、極めて明晰な、静かな、愛に満ちた人々の手の中にあるべきだ。だから遺伝学だけを考えるのではなく、私たちの瞑想を教育の肝心の部分として付け加えることだ。

〇

犯罪者はいない――すべての法的制度は、社会の報復行為に他ならない。その制度に適合しない者たちへの報復行為だ。私に言わせるなら、法とは、正しい人々を保護するためにあるのではなく、それが正しいかどうかには関係なく、大衆のマインドを保護するためにある。法とは、個人に反対し、大衆を支持するものだ。それは個人と、個人の自由と、個人が自分自身であろうとする可能性に対して制限を加えようとする努力だ。

最近の科学的研究は極めて啓発的だ。犯罪者とされた人々の恐らく一〇％はその犯罪に責任がないと言う。その犯罪は遺伝的なものであり、その人たちはそれを遺産としてわが身に受け継いでいる。盲目の人が自分が目が見えないことに対して責任がないのとちょうど同じように、人殺しは、自分が人を殺すような人間であることに責任がない。

今や何らかの犯罪に対してその人間を罰するのは馬鹿げているということには、ほとんどの人が認め、科学的に確立された事実だ。

コミューンに対する私のビジョンでは、法廷を構成するのは法律の専門家たちだけではなく、遺伝学を理解する人々、犯罪がどのように世代から世代へと受け継がれていくのかを理解している人々だ。彼らの決定は刑罰を決めるものではない。なぜならあらゆる刑罰は間違っているからだ。間違っているだけではなく、あらゆる刑罰は犯罪的だ。

何か間違ったことを犯した人間は、適当な施設に送らなければならない。それはあるいは精神療法の施設かもしれないし、あるいは精神分析の学校かもしれないし、あるいは病院で手術を受けることになるかもしれない。彼は私たちの同情を、愛と助けを必要としている。その代わりに、何世紀にもわたって私たちは彼らに刑罰を与えてきている。

新しい人間は、どんな刑務所も持たない。そしてどんな裁判官も、どんな法律の専門家も持つことにはならないだろう。こういうものは、まったく不必要な、社会という肉体に巣くう癌細胞のようなものだ。新しい人間が間違いなく持つことになるのは、同情心に溢れた科学者だ。一人の男性が強姦を犯すというようなことが、どうして起こったのかを究明しようとする、瞑想的で慈愛に満ちた存在だ。

この世に犯罪者は一人もいない。あらゆる犯罪は病んでおり、同情と科学的治療を必要としている。それであなた方の犯罪の半分は消えるだろう。だがまず初めに、私有財産が消滅しなければならない。私有財産は泥棒を、スリを、汚職を、聖職者を生み出す。

○

安楽死の肯定——世の中には、三つのもっとも重要な権利がある。生命、愛、そして死だ。しかしすべての人は、一定の年を過ぎて、充分生きて無駄にぶらぶらし続けたくなった時には、その根本的な死の権利は与えられるべきだ。なぜなら明日はまた同じことの繰り返しに過ぎなくなり、明日への興味をすっかり失ってしまっているからだ。

今、時が過ぎてゆく中で、それらの年老いた人々は誰かが（友人が・子供が・知人が）来るかもしれないと、彼らに会うのを待ちながら、病院の中で無為に過ごしている。が、誰もやって来ない。人々は彼らを避けている。そのために彼らはまさに退屈している。それはあたかも五〇年前の新聞を読んでいるようなものだ。そんな人が世界を去る権利、チケットを返し、「私は家に帰りたい。私やあるいは誰かを妨げるとは、あなたは一体だれなのかね？」という権利が根本的な権利として必要だ。

もし彼が生き延びたくなくなったら、誰も彼を妨げてはならない。実際のところ、あらゆる病院が特別の病棟を持つべきだ。死にたい人々を一カ月前に入れて、くつろげて、音楽や文学など――もし彼らが描いたり彫ったりしたければそれも含めて――彼らが一生思い続けてきてうまくやれなかったことすべてを楽しむことができるような病棟が必要なのだ。そして医者は、彼らにくつろぎ方を教えるよう配慮しなければならない。

今までのところ、死はほとんど醜かった。人は犠牲になってきたが、それは私たちの落度だ。死は一つの祝祭になり得る。あなたはただくつろいで、安らかに、死を喜んで迎える方法を学びさえすればいい。そして一カ月のうちに、人々や友人たちが彼らに会いにきて、対面することができる。あらゆる病院は特別な施設を持つべきだ。これから生きようとしている人たちよりも、これから死のうとしている人のためのより多くの施設を。

彼らを少なくとも一カ月は帝王のように生きさせてあげよう。そうすれば彼らはどんな恨みも、どんな不平不満もなく、ただ深い謝恩と感謝を持って生を去ることができる。

和尚のモデル・コミューン構想（二）

コミューンについての和尚のヴィジョンは、国家は消え失せ、大都市は消え失せるというものだ。なぜなら大都市は、あらゆる人間に対して充分な空間を許さないからだ。そしてすべての人間は、他の動物たちとまさに同じく、どうしても一定の領域を必要とするような心理的な要請を持っている。大都市では、人間は絶えず人混みの中を歩いている。それが大いなる不安、緊張、苦悶を生み出し、くつろぐことが許されない。

いつ如何なる時にも自分自身であること、独りであることを許さない。生命の源泉である樹々とともにいることを、生命の源泉である海とともにいることを許さない。

新しいコミューンの世界には国家もなく、大都市もなく、家族もなく、地球上のあらゆる所、深い森の中、青々と繁る山の中、島の中に広がり点在する無数の小さなコミューンの世界だ。運営可能な最も小さなコミューンとしては、五千人のコミューンが可能だ。そして最も大きなもので五万人のコミューンが可能だ。五千人から五万人の間だ。それ以上になれば運営不可能になるだろう。そうすれば再び警察と法廷が必要になる。

コミューンの大きさについての判断基準は、誰もが他の誰をも知っている。つまりみんなが知り合いであることだ。一端その限界が超えられたら、二つに分けるべきだ。それ自体を二つのコミューンに、二つの姉妹コミューンに分ける。するとそこには国粋主義とか狂信主義のような、所有欲から出てくる態度を持たない深い相互依存の関係が生まれるだろう。狂信的になるべきことなど何もない。国家を作るべき理由など一切ない。

小さなグループの人々はより容易に生を楽しむことができる。なぜなら沢山の友達を持つことは、それだけで一つの楽しみだからだ。そしてここには結婚という問題はなく、従って離婚という問題はない。もし二人の人が一緒になりたかったら、その人たちは一緒になることはできる。そして二人が共にいることを望まなくなったら、それはそれでまったくいい。一緒にいることは二人が決めたことだ。今度は二人は、別の友達を選べばいい。実際〈生〉において、どうしてもっと多くの人生を享受しないのだろうか。

それからこの社会にあっては通貨は解体すべきだ。それは人類に対して途方もない害をなした。いまや、それに別れを告げてもいい時だ。これらのコミューンは物を交換し合うべきだ。例えば自分の所の牛乳の生産量が高いが、もう少し衣料品が必要なのであれば、そのことをラジオで他のコミューンに放送する。するとそれに応じてきたコミューンと各々の過剰な衣料品や牛乳と交換すればいい。単純な物々交換のシステムだ。

しかしそう言うと金持ちの人が加わると、彼らはそれまでの生活水準や快適さが低められるという心配を持つかもしれない。しかしそれは心配無用である。富める者たちの参加による生活水準はむしろもっと高くなってくる。彼らは富こそ持ってはいないが、何らかの意味で創造的な人々を招き始めることができる。例え貧乏にしろ、画家、詩人、舞踏家、歌手としてなら豊かであるかもしれない人々を招くことができる。

ただ富だけ持っていたところで、それで一体何をしようというのだろう。金で音楽を演奏するわけにはゆかない。銀行に沢山金を持っているからといって、それだけでダンスができるわけでもない。とすれば、これらの富めるコミューンは、もっともっと多くの創造的な人々を受け入れながら充実してゆくことができるのだ。

そもそもコミューンに加わっては、当人の財物観が必然的に変わってくる。コミューンの中では、貯めるべき金もなく、誰一人貧しくも金持ちでもないが故に、貪欲の生まれる可能性がない。こうしたコミューンの中では、あなたはいともたやすく貪欲のすべてを忘れるだろう。なぜ人は財物を独占したがるのか？　それはあなたが、誰もが独占欲の強い社会にいるからだ。しかしコミューンでは生活の安定で貪欲に興味を抱く者はいない。

所有欲にしても同じである。一体所有欲というものはどこからやってくるものかと言えば、それは未来に対する恐怖からくるものだ。というのも、所有していなければ、自分の明日はどうなる？　自分が老いた時にはどうなる？　その故に通常の社会では誰しもが所有欲に憑かれているのである。その心配の一切ないコミューンの機構の中では、所有欲というものは生まれようがない。老人といえども死に至るまで財物の必要性は感じない。彼はその経験の故に人生の教師、案内者として尊敬されるだけだ。

あとがき

私が当時の名でバグワン・シュリ・ラジニーシを知ったのは、かれこれ二十年ほど前のことだろう。もともとが若いころから親鸞に惹かれていて、宗教っ気は充分にあった。それで本屋で立ち読みしては、何となく心惹かれて一冊、二冊と買い込んでいったものである。しかしそれが私の悪癖で、買い込んだものもたいていは積んどくである。

読まないでいて、当時、しきりと心だけは動いて、インドのアシュラム（修行場）へは出かけたいと念じていた。しかも実行かなわず、そのうちにアメリカのオレゴン州へ移って共同体を建設しているということで、もともとコミューンに関係ある私としては、何とか出かけたい思いであった。しかも後年アメリカに出かけた際には、彼は追放されて、故郷インドのヒマラヤに帰ったとか。それでも思いは途切れず、そのうちにヒマヤラへ出かけようぐらいのことは考えていた。

このようにバグワンへの思いは不思議なことにまったく切れずにいて、買い込んだ本も本棚に埃を被ったまま、放っておかれ、以後十数年たった。ところがこの三年ほど前になってから急に手をつけ、今度はつかれたようになって読書にふけりだした。欠本も次々に手に入れ、読みに読んだ。この辺の成り行きは、かつて三〇代で知って私の人生の回心のきっかけとなった通称ダダイスト・ニヒリスト・アナーキスト・スティルネリアンこと辻潤の場合と同じで、その度肝を抜かれるような文章にのめりこんでいった。

そのうちに日本には当人の紹介書もないことだし、本にしたいと思いだした。バグワン自身イギリス人のジャーナリストだかにまとまった小冊子カテキズム（教義書）を造ったらと勧められて、彼は強烈に断っている。要するに〔私のカテキズムなんぞつくる奴は愚か者だ。できるわけがない〕といった記事である。〔私には千と一つの矛盾があり、（グルジエフに習ってか）意図的な矛盾もかなり講話している〕というし、第一講話本が六百数十冊も出ているのに対し、私は七〇冊あまりの邦訳しか読んでいない。

そう考えると内心ではやはり無理かなとも思った。しかし一つにはそれまでの自分の研究範囲に区切りがついたこと、もう一つはインド人の人生観である三住期（本当は四住期）に習って、自分も晩年の第三住期にとうに入っていることに気づかされた。三住期というのは、生涯を三つに区切って、最初の三分の一は学びの学住期、真ん中の三分の一は労働と扶養の労住期、最後のそれは森林に引退して生涯を振り返る林住期とするものである。

私はこれまでの人生でまともな計画なんぞ立てたことのない人間であるが、この格言を思い出して、これだと思った。これからはすべてを捨てて、わが人生の検討反芻に入ろうと覚悟した。それで一層夢中になって読みまくっていると、ひとりでに元来が物書きのせいか、バグワンの本の作り方のヒントが次ぎから次ぎへと湧いてくる。それをメモにまとめていくと次第に私の頭の中で本ができあがっていく。

その途中経過をごく簡単に解説すると、まず全体の七割くらい読んだ時点で、バグワンの思想のキーワードになる言葉を思いつくままにメモしていった。そうすると確かにヒントは錯綜していて全体で、何と六十数個のワードが浮かび出てきた。これには悲鳴を挙げた。しかしこれで放ってなるかと、悪い頭をひね繰り返しひね繰り返ししていると、例のＫＪ法に思い至った。それで早速、全キーワードのグルーピング（類似項目）化に乗り出したのだが、いくつグルーピング化を試みてもうまく収まり切れない。

そのグルーピング化自体にもわりとノンビリ、片方では少々あせりつつ、タイプを変えてはまとめていったのであるが、そのうちに少しづつ整理のメドがつき始めた。そして読み残しの本を読んでいくと、まずまずこの本の一六項目化に入らないものがないことを確かめることができた。そしてこれは書けるぞと思い出したのが、昨年（二〇〇〇年）の一月末である。それから学校のシーズン・オフの時間を利用して、企画に則って書けるところから書き出したところが、つぎつぎに途中では引っかかりつつも原稿ができ上がっていった。

一つには『ヴィギャン・バイラヴ・タントラ』の訳者田中ぱるばさんと話していて、「和尚の本はもう邦訳されているもので、エッセンスは出てますよ」という言葉に励まされて、少々無理は承知でのんのんとやってきた。しかもまだまえがきも書いていない今にして、いよいよ脱稿できそうな雰囲気である。プーナに行かなければプーナに行かなければと思念しつつも、原稿の方が先に進んでしまったというのが現状である。

その意味では英訳は愚か、瞑想にも大して打ち込んでいないのにと、関係者の間からは不快感が聞かれそうな案配であるが、何しろ以上述べたようにこの書は半ばひとりでに出産できた本なので、その辺は御了解願いたいと思う。

参考文献

和尚著作参考文献

『般若心経―バグワン・シュリ・ラジネーシ色即是空を語る』スワミ・プレム・プラブッダ訳（めるくまーる）1980年
『ダンマパダ―永遠の真理』沢西康史訳（瞑想社）1994年
『TAO老子の道―永遠の大河』1・2　スワミ・プレム・プラブッダ訳（めるくまーる）1979年
『TAO老子の道』下　スワミ・プレム・プラブッダ訳（めるくまーる）1995年
『虚空の舟』上・下　マ・アナンド・ナルタン訳（和尚エンタープライズジャパン）1992年
『黄金の華の秘密』スワミ・アナンド・モンジュ訳（めるくまーる）1999年
『愛の錬金術―隠されてきたキリスト』上・下　マ・アナンド・ナルタン訳（めるくまーる）1981年
『バウルの愛の歌』上　スワミ・サンギート訳（めるくまーる）1990年
『空っぽの鏡・馬祖』スワミ・アナンド・ソパン訳（壮神社）1992年
『臨済録』スワミ・アナンド・モンジュ訳（めるくまーる）1993年
『道元』スワミ・アンタール・ガータサンサ訳（和尚エンタープライズジャパン）1992年
『ボーディダルマ』スワミ・アナンド・ソパン訳（めるくまーる）1994年
『無水無月』マ・アムリッタ・テジャス（市民出版社）1998年

『一休道歌』上・下　スワミ・アナンド・モンジュ訳（めるくまーる）１９９３年・１９９２年
『これこれ千回もこれ―禅のまさに神髄』スワミ・アナンド・ソパン訳（和尚エンタープライズジャパン）１９９３年
『座禅和讃―和尚ラジニーシ、白隠禅師を語る』スワミ・プレム・ラジャ、スワミ・アナンド・ヴィラーゴ訳（瞑想社）１９９０年
『信心銘』スワミ・パリートーショ訳（禅文化研究所）１９９３年
『ノーマインド―永遠の花々』田中ぱるば訳（壮神社）１９９４年
『禅宣言』田中ぱるば訳（市民出版社）１９９８年
『究極の旅』スワミ・プレム・プラブッダ訳（めるくまーる）１９７８年
『イーシャ・ウパニシャッド―存在の鼓動』スワミ・ボーディ・マニッシュ訳（市民出版社）１９９８年
『モジュッド―説明できない生を生きた人』スワミ・アナンド・ニラーラ訳（和尚エンタープライズジャパン）
『タントラ―セックス、愛、そして瞑想への道』スワミ・アナンド・ソパン訳（和尚コーシャ瞑想センター）１９９４年
『存在の詩』スワミ・プレム・プラブッダ訳（めるくまーる）１９７８年
『タントラ・ヴィジョン―サハラ王の歌を語る』上　スワミ・プレム・ヴィシュダ訳（ＵＮＩＯ）１９９６年
『セックスから超意識へ』スワミ・アナンド・ニラーラ訳（ラジニーシ・パブリケーションズ・ジャパン）１９８２年
『隠された神秘』マ・アナンド・ムグダ訳（市民出版社）１９９９年

『秘教の心理学』スワミ・プレム・ヴィシュダ訳（瞑想社）1994年
『奇跡の探究Ⅰ―覚醒の炎』和尚サクシン瞑想センター訳（市民出版社）1996年
『奇跡の探究Ⅱ―七身体の神秘』和尚サクシン瞑想センター訳（市民出版社）1998年
『未知への扉―和尚、秘教グループを語る』スワミ・アナンド・モンジュ訳（瞑想社）1992年
『ユニオ・ミスティカ』スワミ・プレム・マニック訳（市民出版社）1999年
『瞑想――祝祭の芸術』スワミ・アナンド・ヴィラーゴ訳（めるくまーる）1983年
『新瞑想法入門』スワミ・デヴァ・マジュヌ訳（瞑想社）1999年
『オレンジ・ブック―和尚の瞑想テクニック』スワミ・トシ・ヒロ訳（めるくまーる）1997年
『瞑想―内なる世界への扉』アナンディ・ジーナット・テジャス訳（市民出版社）1994年
〔ヴィギャン・バイラヴ・タントラ　全十巻シリーズ〕
『第1巻　内なる宇宙の発見』田中ぱるば訳（市民出版社）1996年
『第2巻　源泉への道』田中ぱるば訳（市民出版社）1994年
『第3巻　第三の眼』田中ぱるば訳（市民出版社）1994年
『第4巻　沈黙の音』田中ぱるば訳（市民出版社）1995年
『第5巻　愛の円環』田中ぱるば訳（市民出版社）1995年
『第6巻　覚醒の深みへ』田中ぱるば訳（市民出版社）1996年
『第7巻　光と闇の瞑想』田中ぱるば訳（市民出版社）1996年
『第8巻　存在とひとつに』田中ぱるば訳（市民出版社）1997年
『第9巻　生の神秘』田中ぱるば訳（市民出版社）1997年
『第10巻　空の哲学』田中ぱるば訳（市民出版社）1998年

『英知の辞典』スワミ・アナンド・ソパン訳（めるくまーる）１９９６年
『グレート・チャレンジ』西村栄次郎訳（市民出版社）１９９７年
『草はひとりでに生える』マ・アナンド・ナルタン訳（ふみくら書房）
『あなたが死ぬまでは』マ・アナンド・ナルタン訳（ふみくら書房）１９８０年
『夜眠る前に贈る言葉』マ・ナヤナ訳（市民出版社）１９９９年
『マイウエイ―流れゆく白雲の道』マ・アナンド・ナルタン訳（和尚エンタープライズジャパン）１９８４年
『反逆のスピリット』スワミ・デヴァ・マジュヌ、マ・デヴァ・ヨーコ他訳（めるくまーる）１９９５年
『生命の歓喜―バグワン・シュリ・ラジネーシとの対話』スワミ・プレム・プラブッダ訳（ラジネーシ・パブリケイション・ジャパン）１９８０年
『知恵の種子』スワミ・アンタール・ソハン訳（市民出版社）１９９９年
『ゴールド・ナゲッツ』スワミ・アナンド・チダカッシュ訳（和尚エンタープライズジャパン）１９９４年
『ゴールデン・チャイルドフッド―光輝の年代―和尚　幼年期を語る』スワミ・パリトーショ訳（和尚エンタープライズジャパン）１９９３年
『私の愛するインド―輝ける黄金の断章』スワミ・プレム・グンジャ訳（市民出版社）１９９９年
『魂への犯罪―バグワン・シュリ・ラジニーシ聖職者と政治家を語る』（イア・ラジニーシ・ネオ・サニヤス・コミューン）１９８７年
『新人権宣言―バグワン・シュリ・ラジニーシ基本的人権を語る』スワミ・ヤスヒデ、スワミ・アナンド・ヴィラーゴ訳（瞑想社）１９８７年
『大いなる挑戦―黄金の未来―』創造的科学と芸術と意識の世界アカデミー日本準備委員会監修（ラジニー

シ・エンタープライズ・ジャパン） 1988年
『生・愛・笑い』（めるくまーる） 1997年
『新人類』スワミ・パリトーショ、スワミ・キャル訳（瞑想社） 1989年
『ニューチャイルド』スワミ・パリトーショ、スワミ・アトモ・スディープ訳（ニューチャイルド プロジェクト） 1992年
『ニュー・ウーマン誕生』（ラジニーシ・エンタープライズ・ジャパン） 1988年
『ア・カップ・オブ・ティ』スワミ・プレム・プラブッダ、スワミ・アナンド・ソパン訳（めるくまーる社） 1994年
『狂人ノート』マ・アナンド・ナルタン訳（和尚エンタープライズジャパン） 1991年
『私が愛した本』スワミ・パリトーショ訳（和尚エンタープライズジャパン） 1992年
『死・終わりなき生』（講談社） 1995年
『OSHO TIMES』74号―94号（和尚エンタープライズジャパン）
『OSHOダルシャン』VOL．1―15（和尚エンタープライズジャパン）

和尚著作外参考文献

諸富祥彦『トランスパーソナル心理学入門』（講談社） 1999年
吉福伸逸『トランスパーソナルとは何か』（春秋社） 1989年
吉福伸逸『トランスパーソナル・セラピー入門』（平河出版社） 1998年
岡野守也『トランスパーソナル心理学』（青土社） 1995年

レイチェル・ストーム『ニューエイジの歴史と現代―地上の楽園を求めて』高橋巖、小杉英了訳（角川書店）1993年
A・H・マスロー『創造的人間』佐藤三郎、佐藤全弘訳（誠信書房）1991年
ラム・ダス、ラマ・ファウンデーション『ビー・ヒア・ナウ―心の扉を開く本』吉福伸逸、上野圭一、スワミ・プレム・プラブッダ訳（平河出版社）1998年
吉福伸逸『無意識の探検―トランスパーソナル心理学最前線』（ティビーエス・ブリタニカ）1988年
諸富祥彦『フランクル心理学入門―どんな時も人生に意味がある』（コスモス・ライブラリー）1998年
ケン・ウィルバー『意識のスペクトル1―意識の進化』吉福伸逸・菅康彦訳（春秋社）1985年
ケン・ウィルバー『意識のスペクトル2―意識の深化』吉福伸逸・菅康彦訳（春秋社）1997年
ケン・ウィルバー『アートマン・プロジェクト―精神発達のトランスパーソナル理論』吉福伸逸、プラブッダ、菅康彦訳（春秋社）1986年
ケン・ウィルバー『無境界―自己成長のセラピー論』吉福伸逸訳（平河出版社）1986年
スタニスラフ・グロフ編『個を超えるパラダイム―古代の叡智と現代科学』吉福伸逸編・訳（平河出版社）1994年
スタニスラフ・グロフ、ハル・ジーナ・ベネット『深層からの回帰―意識のトランスパーソナル・パラダイム』菅康彦・吉田豊訳（青土社）1994年
フリッチョフ・カプラ『タオ自然学』吉福伸逸・田中三彦・島田裕巳・中山直子訳（工作社）1997年
P・フェルッチ『人間性の最高表現―その輝きを実現した人々』上・下　平松園枝・手塚郁恵訳（誠信書房）1999年
フレデリック・ヴィーダマン『魂のプロセス―自己実現自己超越を結ぶもの』高野正司訳（コスモス・ライ

ブラリー）１９９９年
ラム・ダス『覚醒への旅』荻原茂久訳（サンマーク出版社）１９９８年
R・アサジョーリ『サイコシンセシス―統合的な人間観と実践のマニュアル』国谷誠朗、平松園枝訳（誠信書房）１９９７年
アレクサンダー・ローエン『バイオエナジェティックス―原理と実践』菅康彦・国永史子訳（春秋社）１９９４年
安藤治『瞑想の精神医学―トランスパーソナル精神医学序説』（春秋社）１９９５年
V・E・フランク『それでも人生にイエスと言う』山田邦男、松田美佳訳（春秋社）１９９８年
セアドア・ローザック『意識の進化と神秘主義』志村正雄訳（紀伊国屋書店）１９８１年
アン・バンクロフト『20世紀の神秘思想家たち』吉福伸逸訳（平河出版社）１９８４年
ルドルフ・シュタイナー『神秘学概論』高橋巖訳（筑摩書房）１９９８年
アンリ・セルーヤ『神秘主義』深谷哲《あきら》訳（白水社）１９８５年
キャサリン・リョルダン・スピース『グルジェフ・ワーク―生涯と思想』竹邑光裕（平河出版社）１９８２年
J・クリシュナムーティ『自我の終焉―絶対自由への道』根木宏・山口圭三郎訳（篠崎書林）１９８２年
J・クリシュナムルティ『私は何も信じない―クリシュナムルティ対談集』大野純一訳（コスモス・ライブラリー）１９９６年
ススナガ・ウェーラペルマ『気づきの探究―クリシュナムルティとともに考える』大野純一訳（めるくまーる）１９９３年
菱木政春『浄土真宗の戦争責任』（岩波書店）１９９３年

岸田秀・八木誠一『自我の行方』（春秋社）１９８２年
定方晟『空と無我—仏教の言語観念観』（講談社）１９９０年
チョギャム・トゥルンパ『タントラへの道—精神の物質主義を断ち切って』風砂子・デ・アンジェリス訳（めるくまーる）１９９２年
チョギャム・トゥルンパ『タントラ—狂気の智慧』高橋ユリ子・市川道子訳（めるくまーる）１９９４年
アジット・ムケルジー『タントラ　東洋の知恵』松長有慶訳（新潮社）１９８８年
フィリップ・ローソン『タントラ—インドのエクスタシー礼賛』松山俊太郎訳（平凡社）１９８３年
クシティ・モーハン・セーン『ヒンドゥー教—インド３０００年の生き方・考え方』中川正生訳（講談社）１９９９年
スタニスラフ・グロフ、クリスティナ・グロフ『魂の航海術—死と死後の世界』山折哲雄訳（平凡社）１９９３年
河邑厚徳・林由香里『チベット死者の書—仏典に秘められた死と転生』（日本放送出版協会）１９９３年
『チベット死者の書』平岡宏一訳（学習研究社）１９９４年
ダグラス・E・ハーディング『今ここに、死と不死を見る—自分の不死の中心を発見する』高木悠鼓（マホロバアート）１９９７年
ヴァサント・ジョン『反逆のブッダ』スワミ・プレム・プラブッダ（めるくまーる）１９８４年
マ・プレム・シュンニョ『和尚と過ごしたダイアモンドの日々—ザ・ニュー・ダイヤモンド・スートラ』マ・プレム・ソナ訳（和尚エンタープライズジャパン）１９９４年
マ・プレム・マニーシャ『和尚との至高の瞬間』マ・プレム・パビットラ訳（市民出版社）１９９８年
ヒュー・ミルン『ラジニーシ・堕ちた神《グル》』鴨沢立也訳（第三書館）１９９５年

参考文献

スワミ・パリトーショ『21世紀への指導原理　OSHO』（壮神社）1994年

玉川信明（たまがわ・のぶあき）
1930年、富山市旅籠町に生まれる。
現住所・藤沢市高倉423-17　ＴＥＬ・0466-45-0859
主著：『ダダイスト辻潤』（論創社）『真人山岸巳代蔵』（流動出版）『エコール・ド・パリの日本人野郎』（朝日新聞社）『ぼくは浅草の不良少年』（作品社）『反魂丹の文化史』（晶文社）『夢はリバータリアン』『改革開放中国は崩壊する』（社会評論社）『フオア　ビギナーズ　アナキズム』（現代書館）ほか。

和尚の超宗教的世界 トランスパーソナル心理学との相対関係

2001年4月15日　初版第1刷発行

著　者――玉川信明
装　幀――桑谷速人
発行人――松田健二
発行所――株式会社社会評論社
東京都文京区本郷2-3-10
☎03（3814）3861　FAX.03（3818）2808
http://www.netlaputa.ne.jp/~shahyo
印　刷――ミツワ
製　本――東和製本

ISBN4-7845-1413-9